LE JARDIN POTAGER BIOLOGIQUE

CLAUDE AUBERT
Ingénieur agronome I.N.A.

LE
JARDIN POTAGER
BIOLOGIQUE

ou

Comment cultiver son jardin sans engrais chimiques
et sans traitements toxiques

2e édition revue et augmentée

Le Courrier du Livre
21, rue de Seine, Paris (6e)

Première édition : janvier 1973.

Deuxième édition revue et augmentée : décembre 1973.

Troisième édition : juillet 1975.

ISBN 2-7029-0022-4

SOMMAIRE

Si tu veux être heureux une heure, enivre-toi,
Si tu veux être heureux un jour, tue ton cochon.
Si tu veux être heureux une semaine, fais un beau voyage,
Si tu veux être heureux un an, marie-toi,
Si tu veux être heureux toute ta vie, fais-toi jardinier.

(Proverbe chinois.)

AVANT-PROPOS

Ce manuel de jardinage biologique a été écrit pour ceux — jardiniers débutants ou confirmés — qui veulent produire en quantités abondantes des légumes sains et savoureux, exempts de tout produit chimique, et cultivés conformément aux lois naturelles.

C'est l'application au jardinage de l'agriculture biologique, agriculture respectueuse des lois de la vie et orientée avant tout vers la recherche de la qualité des produits et de la santé des consommateurs.

Ce manuel ne prétend pas être complet. Nous nous y sommes volontairement limité à la culture des légumes les plus courants pour répondre à la demande pressante de nombreux jardiniers amateurs. Cependant, les méthodes décrites dans la première partie de cet ouvrage sont valables non seulement pour la culture des légumes, mais pour toutes les formes de culture biologique. L'amateur pourra donc aussi en tirer un profit pour ses arbres fruitiers et ses plantes ornementales, ou pour la culture de n'importe quelle plante non décrite dans le présent ouvrage.

Cette deuxième édition comporte de nombreux compléments et deux nouvelles rubriques chapitrées II et III.

LE JARDIN BIOLOGIQUE, SANTE DU CORPS ET DE L'ESPRIT

POURQUOI CULTIVER SON JARDIN ?

La culture du jardin familial a longtemps été, dans tous les pays d'Europe, une pratique très répandue. Les paysans avaient tous leur jardin où ils produisaient les légumes nécessaires à leur famille. Les ouvriers — presque tous d'origine rurale — éprouvèrent tout naturellement le besoin d'avoir, eux aussi, leur petit jardin, d'où les nombreuses associations de jardins ouvriers. Une bonne partie de la jeunesse actuelle a décrété qu'il était bien plus simple d'aller acheter ses légumes au supermarché du lieu, mais on assiste, depuis quelques années, à un regain d'intérêt considérable pour le jardinage familial. Les Américains eux-mêmes, qui naguère encore riaient beaucoup, lorsqu'ils venaient en France, de nos minuscules petits jardins, se mettent maintenant à cultiver leurs légumes eux-mêmes.

Beaucoup de citadins venus de la campagne cultivèrent leur jardin d'abord par souci d'économie. Mais les jardiniers amateurs ont rapidement découvert tout ce que le jardinage pouvait leur apporter. Tout d'abord, bien sûr, la certitude d'avoir des légumes frais et sains, denrée très difficile à trouver dans le commerce. Mais aussi l'assurance de pratiquer l'activité la plus saine qui soit. Saine pour le corps, qu'elle fait travailler de manière naturelle et harmonieuse, à son rythme propre. Saine pour l'esprit car le jardinier vit avec les plantes, il apprend à connaître et à respecter leurs rythmes. Il apprend aussi à aimer la terre et nos humbles et irremplaçables serviteurs, les microorganismes du sol et les plantes dont nous tirons notre nourriture.

Nous mesurons aussi l'étendue de notre ignorance et la nécessité d'obéir aux lois de la nature. Nous apprenons enfin à respecter notre nourriture car nous savons combien cela coûte de soins et d'efforts pour faire pousser une simple salade ou une humble carotte.

Finalement, nous retrouvons ce contact avec la terre que tous les citadins ont plus ou moins perdu. Le jardinage, c'est le moyen de rester un peu paysan tout en exerçant un autre métier, et nous avons besoin, pour notre équilibre, d'être paysans.

Mais il y a jardinage et jardinage.

Pourquoi jardiner biologiquement ?

Le jardinage n'a pas échappé à l'emprise de la chimie et de l'industrie. Les industriels inondent le marché de multiples produits-miracles qui permettent, paraît-il, d'avoir des légumes plus gros, plus beaux, qui poussent plus vite et avec moins de peine. Certains vont même jusqu'à affirmer qu'ils sont plus savoureux. Qui donc résisterait à tant d'avantages réunis ?

Engrais complets adaptés à chaque culture, désherbants totaux ou sélectifs, produits chimiques capables de détruire tous les parasites, tout l'arsenal de l'agriculture moderne est à la disposition de l'amateur qui, tout comme les agriculteurs, ne se prive pas de l'utiliser. Avec toutefois une différence essentielle : les agriculteurs sont conscients du prix que coûtent ces produits et des dangers qu'ils courent en manipulant certains d'entre eux. Aussi sont-ils peu enclins à dépasser les doses prescrites. Mais le jardinier amateur ne voit qu'une chose : avoir de beaux légumes le plus vite possible et se débarrasser des parasites avec le minimum de peine. C'est pourquoi les fabricants ont mis au point pour eux des anti-parasitaires « totaux » qui détruisent en une seule application tous les parasites possibles. L'amateur ne fait guère attention aux doses d'emploi, ni à la composition, qui bien souvent n'est même pas indiquée (1). On met une bonne « giclée », plutôt plus que moins, pour être sûr qu'aucun insecte n'en réchappera, et le tour est joué.

Le résultat, c'est que les légumes produits par les amateurs utilisant les méthodes « modernes » sont souvent bien plus pollués que ceux que l'on trouve sur le marché.

Chacun, il est vrai, a le droit de s'empoisonner du moment qu'il n'empoisonne pas du même coup son voisin. La législation lui donne même le droit d'empoisonner à petit feu les membres de sa famille avec les produits chargés d'aldrine, de l'indane ou de parathion qu'il aura récoltés dans son jardin. Il faut cependant mettre en garde ceux qui verraient là un moyen commode de se débarrasser d'un aïeul qui tarde un peu trop à laisser son héritage : les effets sont très lents et n'apparaissent souvent qu'à la deuxième ou à la troisième génération.

Jardiner ainsi, c'est aussi apprendre à tuer, à forcer la nature et à enfreindre ses lois. Ce jardinage est aussi nocif pour le corps et pour l'esprit que l'autre — le jardinage « biologique » ou « naturel » — est bénéfique.

Précisons encore une chose : le jardinage biologique ne vous condamne pas à de maigres récoltes et à des légumes rachitiques. Si vous savez le pratiquer il vous donnera des *récoltes plus abondantes et des légumes plus beaux* qu'avec tous les produits chimiques imaginables.

---

(1) De nombreux insecticides destinés aux amateurs contiennent du parathion, un des insecticides les plus toxiques (4 mg tuent un rat de 1 kg) et du lindane, organochloré persistant.

PREMIERE PARTIE

LA PRATIQUE
DU JARDINAGE BIOLOGIQUE

CHAPITRE I

QUELQUES NOTIONS D'AGRONOMIE BIOLOGIQUE (1)

1. LA TERRE, MILIEU VIVANT ET SOURCE DE NOURRITURE POUR LES PLANTES.

Une terre fertile est un milieu grouillant de vie. Dans un hectare de prairie, on évalue la population animale à un milliard d'insectes, deux milliards d'acariens, une centaine de milliards de nématodes, plusieurs millions de vers de terre. La microflore du sol (végétaux microscopiques) comprend, par gramme de terre, près d'un million d'algues unicellulaires et près d'un milliard de bactéries, végétaux les plus primitifs mais aussi les plus nombreux et les plus universellement répandus ; on retrouve les mêmes types de bactéries symbiotiques dans les sols et dans le tube digestif des hommes et des animaux.

Tous ces êtres vivants participent, chacun à sa manière, à l'élaboration de la nourriture des plantes. Ils sont, comme le disait Mattéo Tavera (2), les cuisiniers des plantes, des milliards de petits cuisiniers invisibles qui fabriquent, à partir des matières organiques et minérales présentes dans le sol, les « petits plats » préférés des plantes.

Ce sont eux aussi qui fixent gratuitement l'azote de l'air,

---

(1) Pour un exposé complet, on se reportera à mon livre : *L'Agriculture Biologique.*

(2) Fondateur de « Nature et Progrès », Association Européenne d'Agriculture et d'Hygiène Biologiques, 3, chemin de la Bergerie, 91700 Sainte-Geneviève-des-Bois.

azote que la plupart des agronomes préfèrent, à tort, apporter aux plantes sous forme synthétique.

L'agronomie moderne prétend pouvoir se passer de ces précieux collaborateurs et fournir aux plantes une alimentation fabriquée en usine, sous la forme d'engrais chimiques directement assimilables, alimentation qui remplacerait avantageusement celle que préparent les microorganismes. On arrive même à supprimer entièrement le sol· et à le remplacer par un support inerte (sable ou résine synthétique) que l'on arrose de solutions nutritives chimiques. Cela s'appelle la culture hydroponique, ou culture sans sol, et on la propose maintenant aussi aux jardiniers amateurs.

En vérité, ce mode de culture donne apparemment de très bons résultats : les rendements obtenus sont très élevés. Mais les plantes cultivés ainsi sont extrêmement sensibles au parasitisme, ce qui prouve qu'elles sont en mauvaise santé et mal nourries. Car les plantes, comme les hommes, sont d'autant moins résistantes à leurs ennemis naturels qu'elles sont dans de plus mauvaises conditions de vie et d'alimentation.

Laissons donc la culture sans sol à ceux qui ne s'intéressent qu'au rendement et à l'aspect extérieur des légumes, mais qui sont prêts à consommer, ou plus généralement à vendre, des légumes déséquilibrés et chargés de résidus de produits toxiques.

En fait l'expérience montre que le seul moyen d'obtenir des plantes saines et résistantes aux parasites est de favoriser au maximum l'activité biologique du sol et de s'abstenir de toute intervention avec des produits chimiques, étrangers aux cycles biologiques.

Les microorganismes fabriquent en effet d'innombrables substances très complexes (vitamines, hormones, substances de croissance) que nous connaissons encore très mal et qui sont indispensables au développement harmonieux des plantes.

2. LES PLANTES ET LEUR MILIEU.

Une plante ne vit pas isolée du monde extérieur : elle se trouve dans un certain milieu dont les principaux éléments sont le sol, le climat, les plantes environnantes et le cosmos.

● *Le climat.*

Chaque espèce végétale est plus particulièrement adaptée à un climat. Certaines ont des exigences climatiques très strictes, d'autres ont des facultés d'adaptation plus grandes. De toute manière, une plante cultivée hors de sa zone climatique normale se développera moins bien et sera plus sensible au parasitisme que la même plante cultivée sous son climat habituel. Il est, par exemple, beaucoup plus difficile de lutter contre le ver de la pomme (ou carpocapse) dans le midi de la France que dans les régions plus septentrionales. A l'inverse, les tomates sont plus sensibles au mildiou dans un climat humide que dans un climat sec. Le facteur climatique est particulièrement important pour le choix des variétés ; avant de rechercher la variété la plus productive ou la plus hâtive, il faut rechercher celle qui est la mieux adaptée au climat dans lequel on se trouve.

On peut certes modifier certains éléments du climat : la pluviométrie par l'arrosage, la température par la culture sous serres ou sous châssis.

Nous verrons plus loin que l'arrosage peut être la meilleure ou la pire des choses, selon la manière dont on s'y prend.

Quant à la culture sous serres ou sous châssis, est-elle conforme à l'esprit du jardinage biologique ? Certains le contestent, disant qu'il s'agit d'une artificialisation du milieu. Il est vrai que dès que l'on fait intervenir un moyen de chauffage — fût-il naturel, comme le fumier de cheval — et que l'on enferme les plantes dans un abri de verre ou de plastique, on s'éloigne des conditions naturelles. Mais je pense que la plante est meilleur juge que nous : si elle n'en souffre pas, si sa résistance aux parasites n'est pas amoindrie, c'est que ce mode de culture lui convient, et on peut l'accepter. L'expérience montre que l'on peut très bien faire de la culture biologique sous châssis et même sous serres. Mais, bien entendu, cela doit rester un mode de production transitoire et annexe, pour le démarrage au printemps des légumes sensibles au froid, ou pour quelques cultures secondaires (aubergines, piments, melons, etc.).

● *L'environnement végétal.*

Cet environnement comprend tout d'abord les haies et les arbres dont la présence est toujours souhaitable, non pas dans le potager lui-même, mais en bordure. Ils jouent un rôle de brise-vent et servent de refuge à de nombreux prédateurs d'insectes. Mais chaque plante est également influencée par celles qui poussent immédiatement à côté d'elle. Il va de soi que la monoculture est un non-sens écologique. Le risque de monoculture est exclu dans un potager familial où l'on cultive vingt ou trente espèces différentes sur quelques centaines de mètres carrés, mais il ne faudrait pas croire que l'on peut disposer les légumes au hasard dans le jardin : certains voisinages sont bénéfiques, d'autres au contraire sont défavorables : c'est tout l'art de l'association des plantes que l'agriculture biologique redécouvre peu à peu, et dont nous reparlerons au chapitre 8.

● *Les influences cosmiques.*

L'influence de la lune sur les végétaux est connue depuis des millénaires. Que l'agronomie moderne, forte de son rationalisme scientifique, nie cette influence n'y change rien : il est amplement démontré — aussi bien par les observations faites dans toutes les civilisations que par des expériences scientifiques rigoureuses — que la lune agit sur la croissance des plantes et qu'il faut en tenir compte, notamment pour la date des semis. Nous reviendrons sur cette question au chapitre 13.

3. LES PLANTES ET LEURS ENNEMIS.

La lutte contre les parasites est devenue une branche majeure de l'agronomie et aussi du jardinage familial. Pour les jardiniers biologiques, au contraire, c'est un problème très secondaire, la majeure partie des problèmes de parasitisme se résolvant toute seule. Nous avons déjà expliqué pourquoi les plantes en culture biologique sont beaucoup plus résistantes au parasitisme que les plantes cultivées avec des engrais chimiques : c'est tout simplement parce qu'elles sont en meilleure santé, et parce que la plupart des parasites s'attaquent de préférence, sinon exclusivement, aux plantes malades ou affaiblies. On pourrait croire que lorsque les parasites n'ont plus de plantes malades à dévorer, ils se rabattent sur les plantes saines, mais il n'en est rien ; lorsqu'ils ne trouvent plus la nourriture qui leur convient, ils arrêtent tout simplement de se reproduire.

Il est fréquent d'observer que les doryphores dévorent allègrement les pommes de terre fertilisées chimiquement et ne touchent pas à des pommes de terre « biologiques » situées à quelques mètres de là. Un jardinier amateur de ma connaissance, pratiquant le jardinage « chimique », en fit involontairement l'expérience : ayant laissé le gazon ramassé sur sa pelouse séjourner assez longtemps en tas, dans un coin de son potager, ce coin se trouva englobé, l'année suivante, dans un carré de pommes de terre. Toutes ses pommes de terre furent envahies par les doryphores à l'exception de celles cultivées sur l'emplacement où le gazon avait été entreposé. Il avait tout simplement fait à cet emplacement du jardinage biologique, sous la forme d'un compostage en surface.

Cela ne veut pas dire que tous les problèmes de parasitisme disparaissent comme par enchantement. Il y a encore des attaques parasitaires, surtout les premières années, mais elles diminuent très rapidement et on en vient facilement à bout avec quelques traitements non toxiques, sur lesquels nous reviendrons au chapitre 9.

4. LES TROIS PILIERS DE L'AGRICULTURE ET DU JARDINAGE BIOLOGIQUES : FERTILISATION, TRAVAIL DU SOL ET ROTATION DES CULTURES.

On ne peut faire du bon jardinage biologique que si les trois piliers sont solides : si l'un d'eux est négligé, tout l'édifice est branlant.

● *La fertilisation* a pour but de nourrir non pas directement la plante, comme le font les engrais chimiques, mais les êtres vivant dans le sol, et particulièrement les microorganismes.
Cette nourriture doit être :
— abondante mais sans excès ;

— de bonne qualité ;
— aussi variée que possible. Elle consiste principalement en matières organiques auxquelles on ajoute de petites quantités de matières minérales naturelles.

● *Le travail du sol* doit lui donner une « architecture » (une structure, disent les agronomes) favorable à la circulation de l'air et de l'eau et à la vie des microorganismes. Un sol travaillé à contretemps, par exemple lorsqu'il est trop humide, ou à contresens, par exemple en enterrant en profondeur la couche superficielle, rendra inefficace la meilleure des fertilisations.

● *La rotation* est la succession des cultures sur un même sol. Elle ne doit pas se faire au hasard, mais en respectant des règles sur lesquelles nous reviendrons au chapitre 8.

CHAPITRE II

L'IMPLANTATION
ET L'ORGANISATION DU JARDIN

1. LE CHOIX DU TERRAIN.

Il n'est pas toujours possible de choisir l'emplacement de
son jardin, mais s'il est possible de le faire on tiendra compte
des facteurs suivants :

● *La distance par rapport au domicile.* Il est évidemment
très souhaitable que le jardin soit à proximité immédiate du
domicile. Mieux vaut un petit jardin proche qu'un grand
jardin trop éloigné.

On peut également concevoir une formule mixte : 1° un
petit jardin attenant à la maison pour les légumes demandant une surveillance ou une récolte très fréquentes ou exigeant d'être consommés très frais (radis, salades, tomates,
haricots verts, persil, fines herbes, etc.) ; 2° un grand jardin
pour les cultures demandant moins de soins ou se conser-
vant plus longtemps.

● *La superficie du jardin.* Elle dépend : du nombre de
personnes à nourrir ; du régime alimentaire de la famille ;
de la variété des légumes que l'on souhaite cultiver ; du temps
que l'on peut y consacrer.

On peut donner, à titre indicatif, les chiffres suivants qui
sont valables pour une bonne terre de jardin.

SUPERFICIE D'UN JARDIN
DEVANT NOURRIR UNE FAMILLE DE 5 PERSONNES

Légumes cultivés	*Régime alimentaire de la famille*	
	à dominante carnée	*à dominante végétarienne*
Les légumes verts de base : bettes, carottes, céleris, salades, choux, concombres, courges, potirons, épinards, haricots, navets, poireaux, pois, pommes de terre primeurs, radis, tétragones, tomates, fines herbes.	200 m2	400 m2
Tous les légumes indiqués dans cet ouvrage à l'exception des pommes de terre de conservation et des asperges.	350 m2	700 m2
Tous les légumes y compris les pommes de terre et les asperges (sans culture de blé).	500 m2	900 m2

Ces chiffres ne sont, bien entendu, que des ordres de grandeur. Ils pourront varier selon la qualité du sol et, plus encore, selon la compétence du jardinier.

● *L'orientation et la pente.* Les terrains plats ou très légèrement en pente sont les plus faciles à cultiver. Si le terrain est en pente, il devra être orienté à l'est ou au sud ; l'orientation au nord est à proscrire.

L'établissement d'un potager sur un terrain en forte pente est possible lorsqu'on ne peut faire autrement, mais il exige certaines précautions et il faut savoir que le travail sera toujours plus difficile, surtout si l'on utilise un motoculteur, et plus fatigant qu'en terrain plat.

Si la pente est trop forte, il est indispensable de cultiver en terrasses, ce qui suppose des travaux importants si ces terrasses ne sont pas déjà installées.

En cas de pente moyenne, les planches seront toujours disposées en suivant les courbes de niveau (perpendiculairement à la pente) afin de limiter les risques d'érosion.

● *Le milieu environnant.* Le jardin devra, dans la mesure du possible :
— être protégé des vents froids (vents du nord et d'est) ;
— ne pas être entouré de trop grands arbres ;
— être à l'écart des routes à grande circulation, à cause du risque de pollution par les gaz d'échappement (distance minima 100 m) ;
— être à l'écart des usines polluantes ;
— ne pas être entouré de terres cultivées en chimie.
Si cette dernière condition ne peut être réalisée, on protègera le jardin à l'aide de haies.

● *La nature du sol.* Mieux vaut un petit jardin sur une bonne terre qu'un grand jardin sur une terre médiocre.
On peut cependant faire du jardinage même sur une très mauvaise terre, à la condition toutefois d'être patient et d'être prêt à dépenser l'argent et surtout l'énergie nécessaires à son amélioration. Deux types de sol sont cependant à éviter, dans la mesure du possible :
— les sols trop peu profonds (couche de terre arable mince sur sous-sol rocheux) ;
— les bas-fonds difficiles ou impossibles à drainer.
Quel que soit le sol, il sera bon d'en faire faire une analyse chimique et biologique complète, surtout s'il s'avère que les légumes poussent mal ou sont envahis de parasites.
Les meilleurs sols sont ceux qui ont une teneur en argile moyenne et une bonne teneur en humus, et qui sont profonds et bien drainés.

● *Les possibilités d'arrosage.* Il y a évidemment intérêt à disposer d'un point d'eau à proximité du jardin ; c'est indispensable en climat méditerranéen. On peut cependant jardiner — et obtenir de bons résultats — avec très peu d'eau, juste de quoi arroser les plants au repiquage et certains semis délicats.

2. L'ORGANISATION DU POTAGER.

Le plan que nous donnons ici est un exemple de potager-type d'une superficie totale de 500 m², dont environ 400 effec-

PLAN-TYPE D'UN POTAGER DE 500 m²
(dont 400 m² cultivés)

Occupation du terrain donnée pour fin juillet-début août

– dimensions entre mur et haies: 20×25 m –

mur

Abri à outils	Costiere: chicorée, scarole, haricots ·derniers semis	Costière: tomates précoces, aubergines, poivrons, melons
eau Chassis		poireaux+céleris (3 rangs) (2 r.)
	pépinière	choux+laitue à couper (2 r.) (1 r.)
	pépinière	choux
	plantes aromatiques	poireaux
	carottes+scaroles (2 r.) (2 r.)	tomates+haricots
	haricots+betteraves (1 r.) (2 r.)	engrais vert annuel
	carottes+oignons (3 r.) (2 r.)	concombres+pois (1 r.) (2 r.)
	carottes+poireaux (2 r.) (2 r.)	courges+maïs (1 r.) (1 r.)
	carottes+chicorée ou scarole (2 r.) (2 r.)	potiron+tétragone
	salsifis+pissenlits (2 r.) (2 r.)	fraisiers
	endives+haricots (2 r.) (1 r.)	fraisiers
	pommes de terre	artichauds
	pommes de terre	artichauds ou asperges
	pommes de terre	asperges

Compost

Allée permanente (gauche) — Allée permanente (centre) — Allée permanente (droite)

0m35 1m20

Allée permanente

Haie ou arbres fruitiers
SUD

tivement cultivés. Les allées permanentes sont enherbées et fauchées régulièrement, l'herbe ramassée fournissant de la matière verte pour le mulching. Le jardin est divisé en planches de 1,20 m de large sur environ 9 m de longueur. Les sentiers entre les planches ont 35 cm de largeur (la largeur du rateau, ce qui facilite leur entretien). Pour un jardin plus petit (200 à 250 m² cultivés) on réduira la longueur des planches à environ 5 m, la largeur étant toujours de 1,20 m.

Pour les très grands jardins (1 000 m² et plus), travaillés à l'aide d'un motoculteur et d'outils du type semoir à bras et houe à bras, on aura intérêt à faire des rangs longs (20 à 30 m) et à supprimer la division du terrain en planches de 1,20 m : les lignes seront semées à leur écartement normal, l'une après l'autre, sans laisser de sentier. Le principal intérêt des sentiers est en effet d'éviter de tasser le sol des planches lors des semis et des travaux d'entretien. Si on travaille au semoir à bras et à la houe à bras, il faut de toute façon marcher entre les rangs pour semer et sarcler ; d'autre part le nombre de passages (notamment pour le semis) est moins élevé que dans un petit jardin, ce qui réduit les inconvénients du piétinement.

L'occupation des planches donnée dans le plan ci-contre correspond à la période fin juillet-début août.

Il y manque :

— *les cultures précoces* récoltées avant la fin juillet (ail, carottes précoces, laitues, choux de printemps, épinards, fèves, pois, pommes de terre hâtives, engrais vert de printemps) ;

— *les cultures tardives* semées ou repiquées à partir de début août (chicorées et scaroles d'automne, épinards, mâche, oignons blancs, navets, laitues, engrais verts d'automne).

Bien entendu, il ne s'agit que d'un schéma-type qui sera modifié par chacun au gré de ses besoins et de son expérience. Sur les trois côtés est, ouest et nord du jardin, on pourra planter, à l'extérieur des allées permanentes, des arbres fruitiers.

Combien de temps faut-il pour entretenir un jardin ? Mieux vaut, là encore, bien cultiver un petit jardin que vouloir cultiver une grande surface qu'on n'arrivera pas à entretenir. Pour un jardin familial, les deux mois les plus chargés sont avril et mai. Pendant cette période, il faut pouvoir disposer, pour un jardin de 400 m² cultivés, d'au moins 12 à 15 heures par semaine. Le reste de l'année (hormis la période novembre-février, pendant laquelle les travaux sont très réduits), 8 à 10 heures par semaine suffisent. Un jardinier débutant ou mal équipé devra compter des temps sensiblement supérieurs.

3. COMMENT TRANSFORMER EN JARDIN UNE TERRE INCULTE ?

Une terre inculte depuis de nombreuses années ne se transforme pas du jour au lendemain en un jardin fertile. Mais la transformation peut s'effectuer rapidement et sans trop de peine si l'on sait s'y prendre.

S'il s'agit d'une terre anciennement cultivée en jardin, la remise en culture se fera sans difficulté. Le seul problème sera celui des mauvaises herbes dont on se débarrassera facilement si le sol est riche en humus.

S'il s'agit d'un sol pauvre en humus, non fertilisé depuis longtemps, ou ayant reçu de fortes doses d'engrais chimiques, la conversion sera plus difficile.

La meilleure période pour commencer le défrichage (ou la conversion) est l'automne.

Si on part d'une vieille prairie ou d'une friche, on opèrera ainsi :

1) *En automne*

● en culture manuelle :
— faucher l'herbe le plus près possible du sol ;
— détruire la végétation à la houe, et la laisser sur place (1) ;
— ameublir le sol à la grelinette ;
— apporter des engrais minéraux naturels, selon les résultats de l'analyse du sol ;

(1) Si le terrain est très sale (en particulier s'il est envahi par le chiendent) on aura intérêt à retirer du terrain les grosses mottes, les rhizomes de chiendent, etc., et à les mettre sur le compost.

— apporter une bonne couche de compost ;
— recouvrir d'une couche de mulch (voir : la couverture
du sol en hiver, page 65).

● en culture mécanique :
— passer la tondeuse ou la tondo-broyeuse ;
— détruire la végétation par plusieurs passages successifs,
à faible profondeur, d'outils rotatifs, en alternant avec un
ou deux passages d'appareils traînés (socs piocheurs) si le
terrain le permet ;
— apporter des engrais minéraux naturels ;
— faire un apport de compost bien décomposé avant le
dernier passage au motoculteur ;
— recouvrir d'une couche de mulch.

2) *Au cours de l'hiver*

● en culture manuelle :
— arracher l'herbe qui aurait pu reprendre et traverser le
mulch, et la laisser sur place.
— passer un coup de croc pour mélanger et aérer la couche
de mulch.

● En culture mécanique ; si le sol est suffisamment ressuyé,
passer une nouvelle fois la motoculteur, à faible profondeur.

3) *Au printemps*

— enlever toutes les matières organiques non décomposées
(mulch, mauvaises herbes) ;
— ameublir à nouveau le sol, soit au croc (s'il est suffisamment meuble), soit à la grelinette, soit au motoculteur ;
— préparer le sol pour le semis ;
— si le terrain est très sale, s'abstenir de semer des plantes
facilement envahies par les herbes (carottes, oignons) ;
— si le défrichage n'a pu être entrepris que tard à l'automne
et si la végétation ancienne n'est pas encore complètement
décomposée, on s'abstiendra de semer ou de repiquer des
plantes trop exigeantes ou trop sensibles à la présence de
matières organiques mal décomposées (notamment céleri, chou-
fleur, salsifis) ;
— si on ne cultive pas toute la surface la première année,

on sèmera, soit un mélange à base de trèfle (par ex. : trèfle violet-ray-grass) si on prévoit de laisser l'engrais vert toute l'année, soit un mélange à base de vesce (par ex. : vesce, pois fourragers - avoine) si on veut utiliser le sol pour un semis ou une plantation dans le courant de l'été.

Si la terre que l'on veut transformer en jardin était précédemment cultivée « en chimie », et est plus ou moins enherbée, en procèdera sensiblement de la même façon, à quelques différences près :

En automne, les opérations seront les suivantes :

— désherbage en laissant l'herbe sur place ;
— ameublissement à la grelinette ou au motoculteur ;
— apport d'engrais minéraux naturels selon les résultats de l'analyse du sol ;
— apport d'une bonne couche de compost que l'on incorpore superficiellement.

Si on entreprend la préparation du sol assez tôt (avant fin septembre) on pourra, au lieu d'apporter le mulch, semer un engrais vert résistant au gel (vesce d'hiver - seigle).

Au printemps, on préparera le sol comme d'habitude et on fera, si possible, un nouvel apport de compost bien décomposé. On pourra semer, dès le printemps, n'importe quelle culture, à l'exception de celles qui sont trop exigeantes en humus et qui ne supportent pas la matière organique fraîche (céleri, chou-fleur, épinard, salsifis).

Il ne faudra pas s'attendre, bien entendu, à obtenir dès la première année des récoltes très abondantes et exemptes de parasites, surtout si l'on part d'un sol appauvri en humus par de mauvaises techniques de culture.

Chapitre III

LES OUTILS DU JARDINIER

L'outillage du jardinier amateur doit répondre à trois impératifs :
— permettre un travail aussi parfait que possible ;
— épargner le temps et la peine du jardinier ;
— ne pas être trop coûteux.

Nous donnons, à la fin de ce chapitre, sous forme illustrée, la liste des outils qui sont utilisés, le plus couramment, par les jardiniers appliquant les méthodes biologiques.

Les fabricants proposent de nombreuses variantes des outils de base décrits ici ; il revient à chacun de faire son choix en fonction de ses goûts personnels.

Rappelons que pour être efficace et économique l'outillage doit être *correctement entretenu*. Il faut pour cela :
— nettoyer les outils après usage ;
— les entreposer au sec ;
— les protéger de la rouille en les enduisant d'un corps gras (par exemple huile de vidange) avant une période d'inactivité prolongée, surtout si les outils sont entreposés dans un endroit humide ;
— affûter régulièrement les parties tranchantes.

En plus des outils décrits dans les pages suivantes, il est bon que tout jardinier possède :

Un matériel d'arrosage.

Le seul ustensile réellement indispensable est l'arrosoir.

Il en faut deux, en tôle galvanisée ; ils sont plus chers que ceux en plastiques mais beaucoup plus durables. Il est également très utile de disposer :

— *de grands récipients* dans lesquels on recueille l'eau de pluie ou que l'on remplit avec l'eau dont on dispose (puits, source, rivière, adduction d'eau) pour lui laisser le temps de se réchauffer. L'idéal est d'avoir des fûts ou des bacs en bois (ou une vieille auge en pierre) assez grands pour qu'on puisse y puiser avec l'arrosoir. A défaut, on se contentera de fûts métalliques (de vieux fûts de 200 litres font très bien l'affaire) ou de bacs cimentés. Il faudra au moins un récipient de ce type à proximité des couches et des pépinières qui exigent des arrosages fréquents.

— *des arroseurs* automatiques qui épargnent la fastidieuse corvée de l'arrosage à l'arrosoir ou à la lance (sauf pour les jeunes semis). Les appareils les mieux adaptés au jardin familial sont, à notre avis, les arroseurs à rampe oscillante qui permettent d'arroser des surfaces rectangulaires.

Un matériel de lutte contre les parasites.

Il existe sur le marché un grand nombre d'appareils à poudrer (roténone en poudre, lithotamme, silice, etc.) ou à pulvériser (roténone liquide, préparations à base de plantes, acétate de cuivre, bouillie bordelaise). Nous indiquons quelques-uns de ces appareils, en allant des plus simples (peu coûteux) aux plus élaborés (plus chers).

Les poudreuses.

Poudreuse à soufflet (1) modèle rustique (environ 25 F) ; il existe d'autres types : une petite poudreuse manuelle japonaise, légère, efficace et suffisante pour un petit jardin (Kyoritsu, 60 F) ; un modèle en plastique qui se porte devant à l'aide de bretelles (6,5 l : 288 F) ; le modèle représenté (3) est de ce type, mais son corps est en métal.

Nous laissons de côté les poudreuses dorsales à moteur, qui n'intéressent que les très grandes surfaces.

Les pulvérisateurs.

Pulvérisateurs à simple pression. Ces petits modèles sont suffisants pour les petits jardins (Pulvelux à 15,50 F et 27,30 F) ou modèle japonais (50 F).

Des modèles plus importants, soit en plastique renforcé (2) (Ex. : Berthoud 8 litres, 120 F) ou en cuivre 2 à 16 litres (Muratori), etc.

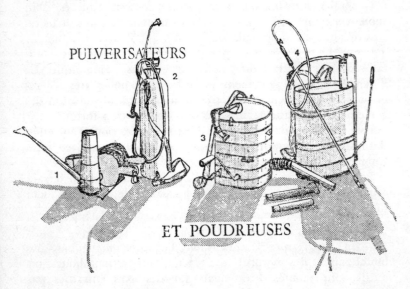

Pulvérisateurs à balancier (4) en plastique (type Goldenjet 20 l : 208 F ; en cuivre 14 l : 300 F) ; ou Muratori, en cuivre, etc.

N.B. : Les prix donnés, purement indicatifs, ont été relevés en septembre 1973. Le possesseur d'un petit jardin n'a pas intérêt à s'encombrer d'appareils importants et coûteux dont il ne se servira que quatre ou cinq fois dans l'année.

Le choix d'un motoculteur.

Nous donnerons ici quelques indications qui pourront aider l'amateur dans le choix d'un motoculteur.

1. *A partir de quelle surface l'achat d'un motoculteur est-il nécessaire ?* Cela dépend évidemment du temps et de l'argent dont on dispose. A moins d'avoir beaucoup de temps, il paraît difficile de cultiver plus de 400 à 500 m² sans motoculteur. Si on a particulièrement peu de temps, il faudra même envisager l'achat d'un motoculteur pour une surface plus petite.

2. *Quelle puissance et quel type de moteur choisir ?*
Généralement, les petits motoculteurs sont équipés d'un moteur 2 temps et les plus gros d'un moteur 4 temps, mais on trouve aussi des appareils de 3,5 ou 4 CV avec un moteur 4 temps. Le 4 temps nous paraît, en général, préférable car il est moins bruyant, moins polluant et plus économique. Le 2 temps s'impose seulement pour les moto-houes très légères et pour le travail en terrain très accidenté (la lubrification des 4 temps est défectueuse lorsque la pente est trop forte).

Une puissance de 2,5 à 3,5 CV est suffisante pour l'entretien d'un jardin de moyenne dimension (environ 500 m²), en terre légère ou riche en humus.

Pour les travaux de défrichage, ou pour travailler en terrain argileux, pauvre en humus, une puissance de 4 à 6 CV sera nécessaire.

3. *Les outils et les accessoires :*
— *Les outils rotatifs* constituent l'équipement de base des motohoues et des motoculteurs légers. Pour les motohoues, ces outils sont montés directement sur des axes entraînés par l'arbre moteur. La motohoue ainsi équipée ne comporte pas de roues motrices et avance par réaction des outils rotatifs sur le sol.

Concernant les motoculteurs proprement dits, les outils rotatifs sont parfois situés sous un carter de protection, à l'arrière du motoculteur, et entraînés par une prise de force, les roues motrices assurant la propulsion. Dans certains types de motoculteurs, il est possible d'ôter les roues et de placer des houes sur le même axe.

Il existe de nombreux types d'outils rotatifs qui se différencient par la forme des lames (lames coudées, courbes, piocheurs, etc.). On exclura les lames coudées à angle droit qui provoquent à la longue une semelle de labour, et les outils munis de griffes (fraise des maraîchers) qui tournent à grande vitesse et émiettent trop la terre.

— *Les outils tractés.* Les motoculteurs et la plupart des motohoues (transformées en motoculteurs par le montage de roues sur l'axe moteur) peuvent être équipés d'un certain nombre d'outils tractés : charrue, cultivateur, socs piocheurs, herse, rouleau, outils sarcleurs et bineurs, buttoir, etc.

Les socs piocheurs, qui permettent d'ameublir le sol en profondeur sans le retourner, sont particulièrement utiles en culture biologique. Leur seul inconvénient est qu'ils exigent une puissance assez élevée (au minimum 4 CV en sol léger, 5 à 7 CV en sol lourd).

La charrue n'est utile que dans les sols très argileux, difficiles à ameublir avec des outils rotatifs et des outils à dents (socs piocheurs).

Les autres outils ne s'imposent que dans les grands jardins (plus de 1 000 m²), sauf peut-être le buttoir pour ceux qui cultivent beaucoup de pommes de terre.

Outils divers actionnés par la prise de force. Les motoculteurs munis d'une prise de force peuvent recevoir divers autres outils : faucheuse, tondeuse à gazon, tondo-broyeur, pompe, scie circulaire, tailleuse de haie, etc. Un accessoire très utile, surtout pour ceux qui ne possèdent pas de tondeuse à gazon, est le *tondo-broyeur ou la tondeuse à fléaux,* qui coupe et broie finement toute végétation, ce qui permet de transformer en mulch les engrais verts et tous les résidus de récolte.

4. *Quelques points à ne pas oublier :*

— si on achète une motohoue, on veillera à ce qu'elle soit munie d'une roue permettant le déplacement de l'engin ;

— on achètera de préférence un modèle muni d'un mancheron pouvant être déporté à droite ou à gauche afin d'éviter de marcher sur la terre qui vient d'être travaillée ;

— avant l'achat, on s'assurera que les réparations pourront être effectuées rapidement : les motoculteurs tombent parfois en panne lorsqu'on a le plus besoin d'eux !

L'OUTILLAGE DE BASE

PLANCHE I.

La grelinette (2) pour ameublir le sol en profondeur sans le retourner. (Fabr. A. Grelin, Arbin, 73 Montmelian.)

La bêche à dents (1) ou fourche à bêcher ; en jardinage biologique elle sert surtout à l'arrachage des légumes (carottes, poireaux, salsifis, endives, etc.). En jardinage classique on l'utilise surtout pour bêcher mais nous lui préférons, pour ce travail d'ameublissement en profondeur, la grelinette.

Le croc (3) pour ameublir le sol et briser les grosses mottes.

Le sarcloir (5) avec ou sans émietteur, pour sarcler (désherber) et en même temps briser la croûte superficielle du sol.

La griffe (6), avec lame à sarcler pour biner et sarcler sur la ligne et entre les lignes pour les légumes semés à faible écartement.

La binette (4) pour biner et sarcler les sols durs ou très sales (herbes fortement enracinées et difficiles à couper avec le sarcloir).

Pour mémoire, un *cordeau* (7) est nécessaire pour aligner les planches, tracer des rayons, guider le rayonneur, le semoir, etc.

L'OUTILLAGE DE BASE (I)

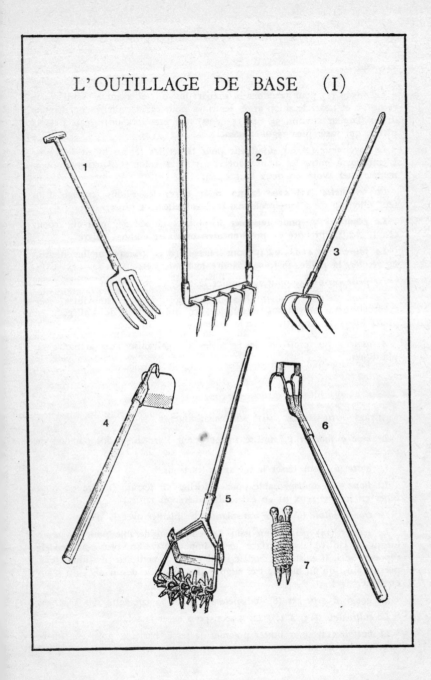

PLANCHE II.

Le rateau (1) pour terminer la préparation du sol avant le semis, pour recouvrir et tasser le sillon après semis, et pour ratisser pierres ou détritus divers (largeur environ 35 cm, 14 dents). On préfèrera un rateau à dents plates, qui tasse plus régulièrement.

Le rayonneur (2) ou sillonneur pour tracer les rayons avant le semis. L'écartement entre les dents peut être réglé à volonté (il existe un bon modèle chez Wolf, en deux longueurs).

La serfouette (11) avec langue pour tracer les sillons (traçage d'un seul sillon ou de sillons profonds) et éventuellement biner.

Le plantoir (3) pour repiquer les plants de salade, poireau, chou, céleri, etc. Le prendre de préférence en bois avec embout cuivre.

La fourche à 4 dents (4) pour rassembler et transporter les déchets de récolte, la paille, le foin, épandre le fumier, etc.

La pelle carrée (5) pour manipuler la terre et le compost.

La brouette : la brouette clasique en bois, à côtés amovibles (avec éventuellement un châssis métallique, ce qui permet de l'alléger) est préférable à la brouette en tôle emboutie.

Arrosoirs : on préfèrera les modèles en galvanisé aux arrosoirs en plastiques.

AUTRES OUTILS UTILES, MAIS NON INDISPENSABLES.

Le croc à piocher (7) utilisé surtout pour l'arrachage des pommes de terre.

La batte (6) pour tasser le sol après les semis.

La houe (10) indispensable pour défricher en terrain inculte ou pour biner en sol pierreux (il en existe de différentes tailles)

Le transplantoir (9) pour transplanter les plantes avec la motte.

Le semoir (14) permet un gain de temps considérable pour les semis lorsqu'on cultive une surface assez importante. En plus du modèle représenté ici, il existe un modèle similaire, plus petit, en plastique transparent, ainsi qu'un modèle très simple illustré sur le dessin n° 3 du semis en ligne.

La gouge à asperges (8) indispensable pour la cueillette des asperges.

Le cultivateur (13) à 1, 3 ou 5 socs, pour aérer le sol.

Le buttoir (12) pour butter pommes de terre, haricots, pois, etc. (deux largeurs : 15 et 20 cm).

L'OUTILLAGE DE BASE (II)

POUR LES TRÈS GRANDS JARDINS (plus de 1 000 m2 cultivés) deux outils sont très précieux car ils permettent un gain de temps considérable : la *houe maraîchère* et le *semoir à bras.*

Le *semoir à bras* permet (comme le semoir à main représenté page 37, n° 14) d'ouvrir le sillon, de semer et de refermer le sillon en une seule opération. D'autre part, en terrain bien préparé, il permet d'effectuer des semis d'une grande précision, tant du point de vue de la profondeur que de la densité. On peut ainsi réduire considérablement, voire supprimer entièrement, l'opération très longue et très fastidieuse du dépressage, notamment pour les carottes.

La *houe maraîchère* (appelée encore houe à bras ou « poussette ») est utilisée par tous les maraîchers pour les binages et les sarclages qu'elle permet d'effectuer très rapidement. Elle peut être équipée de divers outils : buttoir (1), lames sarcleuses (2), dents à biner (3), soc. Ce dernier, qui figure sur l'appareil dessiné, sert peu en maraîchage biologique.

POUR LES GRANDS JARDINS...

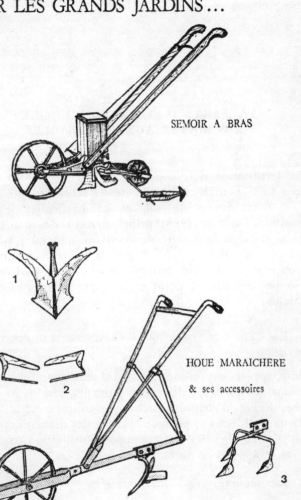

SEMOIR A BRAS

1

HOUE MARAICHERE

& ses accessoires

2

3

CHAPITRE IV

LA FERTILISATION BIOLOGIQUE :
LES MATERIAUX UTILISABLES

La fertilisation doit nourrir les êtres vivants du sol qui, à leur tour, nourrissent les plantes et fabriquent de l'humus. Les êtres vivants du sol, et en particulier les micro-organismes, se nourrissent principalement de matières organiques et secondairement de matières minérales naturelles. Comme le dit si bien J. M. Roger, la matière organique c'est la soupe et la matière minérale le sel. Tout l'art, c'est que la soupe soit salée à point et que les microorganismes s'en régalent.

1. LES APPORTS ORGANIQUES, BASE DE LA FERTILISATION BIOLOGIQUE.

Sont appelés organiques toutes les matières provenant d'organismes vivants (1) : déjections animales, résidus de récoltes, herbe, déchets d'abattoirs, déchets de cuisines, etc.

Deux problèmes se posent : le choix des matières organiques (animales et végétales) et leur mode d'utilisation (compostage en tas et apports en surface).

a) *Les matières organiques animales.*

Il semble (bien que certains partisans de l'agriculture biolo-

---

(1) A la condition qu'elles n'aient pas été calcinées et n'aient subi aucun traitement chimique. La cendre de bois, par exemple, n'est pas un produit organique ; c'est un produit naturel d'origine organique, mais qui a été minéralisé par la combustion : c'est le « squelette » minéral du bois.

gique le contestent) que des apports d'origine animale soient indispensables à l'entretien de la fertilité du sol. Ces apports n'ont pas besoin d'être importants, mais ils constituent un levain de fermentation qui permet une meilleure décomposition des matières végétales. Ils contiennent également de nombreux éléments fertilisants qu'il serait difficile, dans la pratique du jardinage familial, d'apporter sous forme exclusivement végétale.

● *Le fumier.*

Le fumier est la matière organique de base dans les exploitations agricoles. Au jardin familial son emploi n'est pas indispensable, à condition de le remplacer par d'autres apports d'origine animale, mais on a tout intérêt à s'en procurer si on en a la possibilité. Les fumiers sont cependant très différents selon le type d'animaux qui les a produit, et aussi selon la manière dont ces animaux ont été nourris.

— *Le fumier de vache.*

C'est en quelque sorte le fumier de base en agriculture. Comme celui de tous les ruminants, il constitue un levain de fermentation particulièrement riche. Mais c'est un fumier « froid », qui ne convient pas si l'on veut produire de la chaleur, notamment dans les couches chaudes. D'autre part, il faut se méfier de certains fumiers qui sont vendus par des agriculteurs non biologiques, fumiers qui ont séjourné en tas pendant de longs mois et qui ont pourri au lieu de subir une fermentation aérobie. Ces fumiers ont perdu une bonne partie de leur valeur ; ils sont cependant utilisables, à défaut de mieux, mais seulement après un temps de compostage suffisamment long. Un bon fumier de vache, si possible en provenance d'une exploitation biologique, reste une des meilleures fumures organiques à condition de l'employer correctement.

— *Le fumier de mouton.*

Il a des caractéristiques voisines de celles du fumier de vache, mais il chauffe davantage et il est beaucoup plus concentré ; il faudra donc l'utiliser en quantités plus modérées.

— *Le fumier de cheval.*

C'est le fumier dont la fermentation dégage le plus de chaleur. On l'emploie surtout, au jardin familial, pour la constitution des couches chaudes. On a également intérêt, si on peut s'en procurer, à en mettre un peu dans le compost, dont il accélère la fermentation.

— *Le fumier de volaille.*

C'est de loin le fumier le plus concentré et le plus riche en éléments fertilisants, notamment en azote : il contient 7 à 8 fois plus d'azote que le fumier de vache. Il faut donc être particulièrement prudent pour son emploi, les apports ne devant pas dépasser une cinquantaine de kg à l'are. L'excès de fumier de poule conduit en effet à un excès d'azote qui peut avoir les mêmes conséquences qu'un apport important d'azote sous forme synthétique : plus grande sensibilité au parasitisme, mauvaise conservation, teneur en nitrites des légumes excessive. Le fumier des élevages industriels de volailles doit être rejeté car il contient fréquemment des résidus d'antibiotiques.

● *Le purin.*

Il est rare que le jardinier amateur dispose de purin. Cependant de nombreux jardiniers fabriquent une sorte de purin en diluant du fumier de poule dans l'eau. Cette pratique nous paraît utilisable en jardinage biologique, à condition de respecter certaines règles — les mêmes que pour l'emploi du purin de bovins dans les fermes biologiques :

— Le purin doit être épandu rapidement après sa fabrication ; si on le stocke un certain temps, il faut l'aérer fréquemment par un brassage énergique ou en lui insufflant de l'air sous pression.

— Les apports doivent être modérés de manière à ce que le purin frais ne pénètre pas profondément dans le sol.

— L'apport ne doit pas être fait par temps de pluie, pour les mêmes raisons.

Si ces conditions sont réalisées, les apports de purin sont bénéfiques car ils réalisent un ensemencement microbien et un apport organique sous une forme finement divisée.

● *Les déchets d'abattoirs.*

On trouve dans le commerce de nombreux engrais organiques fabriqués à partir de déchets d'abattoirs : poudre de
sang, poudre de viande, corne torréfiée, poudre d'os, cuir
torréfié, soies de porcs, plumes, déchets de laine, etc. Les plus
intéressants sont d'une part, la poudre d'os, très riche en
phosphore et en calcium (donc particulièrement intéressante
en milieu acide), d'autre part, les engrais à base de phanères (1) : soies de porc, laine, corne, ongles, plumes, etc., en
raison notamment de leur teneur en silice.

● *Les guanos.*

— *Les guanos d'oiseaux* (guano du Pérou, du Mozambique),
proviennent d'amas de déjection d'oiseaux marins. Ils constituent d'excellents engrais organiques naturels, à l'abri de toute
pollution. Ils sont extrêmement concentrés et doivent être
utilisés à doses très modérées (quelques kilos à l'are).

— *Les guanos de poissons* sont des engrais fabriqués à partir
de déchets de poissons ; ils n'ont pas la valeur du guano
d'oiseaux.

b) *Les matières organiques végétales.*

● *Les résidus de récolte.*

Tous les résidus de récolte sont des sources de matières
organiques précieuses. Il ne faut en aucun cas les brûler,
même si les plantes sont malades. Ils peuvent soit être
compostés, soit être laissés sur le sol (de préférence après
broyage) puis incorporés à la couche supérieure du sol.

● *Les engrais verts.*

Les engrais verts sont des plantes cultivées en vue d'être
coupées et enfouies sur place, pour enrichir les terrains en
humus. Ils constituent un des piliers de la fertilisation biologique ; nous les étudions en détail à la fin du présent chapitre.

---

(1) Les phanères sont toutes les productions épidermiques apparentes :
poils, plumes, écailles, griffes, ongles, dents, etc.

● *Les mauvaises herbes.*

Pas plus que les résidus de récolte, les mauvaises herbes ne doivent être brûlées. La manière de les utiliser est décrite au chapitre 10.

● *L'herbe coupée.*

L'herbe des surfaces en gazon ou des vergers peut être laissée sur place en vue d'enrichir le sol. Mais on peut également la ramasser et l'utiliser pour assurer la couverture du sol entre les cultures (voir chapitre 6).

● *Les déchets de cuisine.*

Toute cuisine bien organisée doit comporter au moins deux poubelles : une pour tout ce qui peut se décomposer (tous les déchets d'origine végétale ou animale) et la seconde pour le reste (papier, verre, plastique, etc.). Le contenu de la poubelle « organique » ira rejoindre le tas de compost.

● *Les engrais organiques du commerce.*

On trouve dans le commerce des engrais organiques d'origine végétale : tourteaux, marcs de fruits, algues vertes (1), etc. Les jardiniers amateurs manquant surtout de matière organique animale, il vaut mieux en général, si l'on achète des engrais organiques dans le commerce, acheter des engrais d'origine animale (ou des mélanges contenant surtout des matières animales). Nous ferons une exception pour les *algues vertes,* qui ont une valeur fertilisante exceptionnelle.

● *Autres matières organiques végétales.*

Nous citerons encore parmi les innombrables matières végétales que nous fournit la nature :

— *Le varech et les goémons,* d'une excellente valeur fertilisante, mais que l'on ne trouve à des prix abordables qu'à proximité de la mer.

— *La sciure de bois,* dont la valeur fertilisante est assez

(1) Ne pas confondre les algues vertes avec les algues calcifiées du type lithothamme, dont nous reparlerons plus loin.

faible mais qui peut être incorporée au compost en quantités modérées.

— *Les feuilles d'arbre,* à n'utiliser qu'après un temps de compostage suffisamment long ; elles donnent un compost très acide et doivent être mélangées à d'autres matières organiques.

— *La tourbe* n'a qu'une valeur fertilisante médiocre. Elle est cependant utile pour recouvrir certains semis, surtout en période de sécheresse.

c) *Les engrais verts.*

La pratique des engrais verts n'est nullement réservée à la grande culture, comme on le croit souvent ; les engrais verts ont leur place (une place importante) au jardin familial.

Les engrais verts ont de multiples fonctions :

— ils apportent de la matière organique ;

— ils enrichissent le sol en azote (fixation d'azote atmosphérique par les bactéries symbiotiques des légumineuses) ;

— ils protègent le sol contre les rigueurs du climat : soleil, vent, ruissellement, gel, écarts de température, etc.

Le principe de base est le suivant : le sol ne devant, autant que possible, jamais rester à nu, on sèmera un engrais vert chaque fois qu'une planche se trouvera libre pendant un temps suffisant pour permettre son développement. Les plantes utilisées comme engrais verts appartiennent à trois grandes familles botaniques :

— *Les légumineuses :* elles sont très précieuses car ce sont les seules plantes capables, par l'intermédiaire des bactéries contenues dans les nodosités de leurs racines, de fixer l'azote de l'air.

De nombreuses légumineuses sont utilisées en engrais verts : trèfle, vesce, gesse, féverolle, pois fourrager, lupin, etc.

— *Les graminées :* on les utilise presque toujours associées à des légumineuses ; on utilise principalement : l'avoine, le seigle, le ray-grass.

— *Les crucifères :* ce sont les seules plantes capables de donner une grande masse végétale dans un temps très court. On utilise la moutarde, le colza, la navette, le radis chinois.

Nous distinguerons trois grands types d'engrais verts.

● *Les engrais verts annuels.*

Ces engrais verts sont laissés en place pendant une année entière. On les utilise si l'on veut améliorer rapidement un sol que l'on remet en culture (sol précédemment en « chimie » ou en friche). On sèmera toujours un mélange graminée-légumineuse ou une légumineuse seule. Les mélanges possibles sont très nombreux. Nous citerons les plus pratiqués en France :
— trèfle blanc nain semé seul (environ 100 g à l'are),
— mélange trèfle violet-ray-grass d'Italie (100 g de ray-grass + 200 g de trèfle violet à l'are). Ce mélange est particulièrement intéressant pour la remise en culture de terre en friche ou de vieilles prairies envahies de mauvaises herbes ;
— mélilot (surtout dans les terres calcaires) ;
— trèfle d'Alexandrie - avoine (400 g de trèfle + 400 g d'avoine à l'are).

On fait trois à quatre coupes dans l'année ; on peut soit les laisser sur place, pour enrichir le sol, soit en ramasser une ou deux pour faire du mulch (1).

● *Les engrais verts en culture dérobée.*

Il s'agit d'engrais verts cultivés soit avant, soit, le plus souvent, après la culture principale.

Le cas le plus fréquent est celui des planches libérées en août ou septembre et sur lesquelles on ne pratique pas d'autre culture jusqu'au printemps suivant.

— *jusqu'en fin août*, on sèmera un mélange graminée-légumineuse (vesce-avoine, vesce-seigle, vesce-pois-avoine). Le mélange suivant donne généralement de très bons résultats : 700 g de vesce + 600 g de pois fourrager + 600 g d'avoine à l'are.

— *en septembre*, on sèmera une crucifère, car une légumi-

---

(1) Mulch : Matière organique apportée sur le sol en couche de faible épaisseur.

neuse n'aurait pas le temps de se développer avant les gelées. On sèmera par exemple 200 g/are de moutarde.

L'engrais vert sera fauché à l'entrée de l'hiver, en le hachant aussi finement que possible. S'il n'est pas trop haut, une tondeuse à gazon fera parfaitement l'affaire. S'il est trop haut, on le raccourcira à la faux, en passant au besoin deux fois et en coupant à chaque fois une dizaine de centimètres, et on terminera au ras du sol à la faux ou à la tondeuse. La fumure organique et minérale d'automne sera apportée sur l'engrais vert, dont elle hâtera la décomposition.

Pour les planches qui ne seront pas ensemencées de bonne heure au printemps (par exemple celles destinées à recevoir les semis de mai) on pourra semer jusqu'en octobre un mélange graminée - légumineuse résistant au gel (par exemple vesce d'hiver - seigle) que l'on ne coupera qu'au printemps, quelques semaines avant la date prévue pour le semis.

Pour les cultures mises en place en juin (carottes d'hiver, potirons, etc.), et si le sol n'est pas occupé auparavant par une culture précoce le libérant en juin, on pourra semer en mars un engrais vert qui sera broyé, puis incorporé à la couche supérieure du sol (sur quelques centimètres seulement) environ trois semaines avant la date prévue pour le semis. Un léger apport de compost facilitera sa décomposition.

● *Les engrais verts en culture intercalaire.*

Ce sont des engrais verts cultivés en même temps que la culture principale, dans les cultures à grand écartement. On les pratique généralement pour les tomates, les choux, le maïs. On sèmera :

— soit du trèfle blanc nain ou de la minette (ou les deux associés) ;

— soit de la gesse chiche, légumineuse rampante qui couvre rapidement le terrain.

On sème l'engrais vert environ un mois après la mise en place de la culture principale, en terre bien propre afin de ne pas être envahi par les mauvaises herbes. Ce type d'engrais vert est contre-indiqué dans les climats secs, lorsqu'on ne peut pas arroser à volonté, car il concurrencerait trop la culture principale pour l'eau. Dans ce cas, il est préférable de protéger le sol par une couche de mulch.

Remarque importante : les engrais verts ne doivent jamais être enfouis frais en profondeur. Ils doivent être tout d'abord coupés (et si possible finement broyés), puis incorporés à la couche superficielle du sol (3 à 5 cm).

2. LES APPORTS MINÉRAUX, COMPLÉMENT DE LA FUMURE ORGANIQUE.

Par opposition aux matières organiques, les matières dites « minérales » ne proviennent pas de tissus vivants ou, lorsqu'elles en proviennent, ont subi des transformations telles qu'elles ne gardent que le squelette minéral de ces tissus (cendre des végétaux, parties calcifiées d'organismes vivants).

Les matières minérales pouvant être utilisées en agriculture et jardinage biologiques sont nombreuses. Leur point commun — qui les différencie fondamentalement des engrais chimiques utilisés en agriculture classique — est qu'il s'agit toujours de matières minérales *naturelles* n'ayant subi que des traitements physiques (broyage, lavage, calcination), mais jamais aucun traitement chimique.

Toutes les matières minérales naturelles contenant de très nombreux constituants on ne peut pas parler, comme en fertilisation chimique, d'engrais « potassique », « azoté », « phosphaté » ou autre ; on peut tout au plus parler de la dominance de tel ou tel élément. Pour la clarté de l'exposé, et sans attacher à cette classification une importance trop grande (de nombreux minéraux ayant deux ou trois éléments « dominants »), nous classerons les fertilisants minéraux en fonction de l'élément dominant qu'ils renferment.

● *Les apports minéraux à dominante azotée.*

Nous ne les citerons que pour rappeler qu'aucun d'entre eux n'est utilisé en agriculture biologique. L'azote est en effet un composé spécifique de la matière organique qui ne peut, dans une agriculture biologique, être apporté que sous une forme organique, soit directement, soit par l'intermédiaire des microorganismes qui fixent l'azote de l'air. Même le nitrate de soude du Chili, le seul engrais azoté naturel (1), est exclu, et à plus forte raison tous les engrais azotés chimiques.

● *Les apports minéraux à dominante silicieuse.*

Rentrent dans cette catégorie toutes les roches siliceuses broyées (poudre de basalte, de granite, de gneiss, de porphyre, etc.). Ces poudres de roches silicieuses commencent seulement à être commercialisées en France, mais elles sont utilisées en agriculture biologique depuis de nombreuses années dans la plupart des pays d'Europe (Suisse, Autriche, Allemagne) et aux Etats-Unis.

Nous pensons qu'elles doivent constituer la base de la fertilisation minérale au jardin biologique. On les apporte à la dose de 4 à 5 kg à l'are chaque année, sous forme de poudre très fine. Leur intérêt réside dans le fait qu'elles contiennent pratiquement tous les minéraux nécessaires aux plantes (et en particulier la silice, le magnésium et les oligo-éléments). Elles ne sont vraiment pauvres qu'en phosphore (et pour certaines, en calcium), que l'on apporte sous forme de phosphate naturel ou de poudre d'os.

Il est connu que les sols volcaniques sont parmi les plus fertiles du monde ; c'est pourquoi le *basalte* est une roche siliceuse particulièrement intéressante. Les agriculteurs biologiques suisses utilisent un mélange de granite, de gneiss, de porphyre et de dolomies qui donne également de très bons résultats. Ce mélange a d'ailleurs une composition très voisine de celle des limons du Nil qui ont donné à l'Egypte, depuis des millénaires, sa légendaire fertilité et qui ne sont rien d'autre que des débris minéraux arrachés aux montagnes primaires du haut cours du Nil.

L'agronomie moderne juge inutile d'apporter au sol de la silice, sous prétexte que la plupart des roches en sont très largement pourvues. Mais l'agriculture biologique à depuis

---

(1) Une substance n'est pas bonne du simple fait qu'elle soit naturelle ; il faut opérer un choix parmi les substances que nous offre la nature.

longtemps démontré le rôle essentiel joué par cet élément et l'utilité de son apport.

● *Les apports minéraux à dominante phosphatée.*

Ils constituent le complément normal des roches siliceuses. On utilise généralement les phosphates naturels d'Afrique du Nord finement moulus (hyperphosphate) mais il existe en France de nombreux gisements de phosphates naturels dont l'exploitation a été abandonnée car ils sont moins riches en phosphate que les gisements de Tunisie et du Maroc. On apporte en moyenne 2 à 4 kg à l'are par an. Cet apport peut toutefois être remplacé par de la poudre d'os, si l'on peut s'en procurer.

● *Les apports minéraux à dominante calcaire.*

Rentrent dans cette catégorie tous les amendements calcaires d'origine naturelle (calcaire broyé, craie, marnes, dolomies) et particulièrement le maërl et le lithothamne, à base d'algues calcifiées. Certaines méthodes biologiques ont fait du lithothamne un des piliers de la fertilisation. Nous pensons qu'il s'agit incontestablement d'un fertilisant de grande valeur, mais que son apport est intéressant surtout dans les sols acides. Dans les sols à pH élevé (1) (la plupart des sols calcaires), son emploi ne nous paraît pas justifié.

Dans les terres acides et neutres, un léger apport de lithothamne, fertilisant riche en magnésium et en oligo-éléments, pourra compléter utilement les autres apports minéraux (roches siliceuses et phosphates).

● *Les apports minéraux à dominante magnésienne.*

Il s'agit principalement des dolomies. Elles sont assez peu utilisées en jardinage biologique car les autres minéraux apportés, surtout les roches siliceuses et le lithothamne, contiennent déjà des quantités de magnésium assez importantes. Toutefois, en cas de carence en magnésium, par

---

(1) Le pH (potentiel Hydrogène) mesure le degré d'acidité du sol. Un sol équilibré doit avoir un pH voisin de la neutralité (pH 7) ; le pH est d'autant plus bas que le sol est plus acide. Par pH élevé, nous entendons des pH voisins de 8.

exemple dans un sol cultivé en « chimie » depuis longtemps, un apport de dolomies sera très bénéfique.

● *Les apports minéraux à dominante potassique.*

Ces apports ne sont admis que par certaines méthodes biologiques. En jardinage leur emploi se limite à quelques cas particuliers, les apports organiques et les roches siliceuses fournissant suffisamment de potasse pour la croissance des plantes. On pourra cependant utiliser le Patentkali (minerai naturel à dominante potassique et magnésienne) dans les sols à pH très élevé (pH 8 ou plus), jusqu'à ce que leur pH soit redescendu entre 7 et 7,5. On apportera environ 3 kg à l'are.

3. LES ACTIVATEURS ET LES PRÉPARATIONS BACTÉRIENNES.

On trouve dans le commerce diverses préparations ayant pour but d'activer la décomposition du compost, de favoriser l'activité biologique du sol ou de stimuler, de manière naturelle, la croissance des plantes. Parmi les préparations qui nous paraissent les plus intéressantes, nous citerons :

— les préparations biodynamiques, pour lesquelles nous renvoyons le lecteur aux ouvrages traitant de la méthode biodynamique (1) ;

— diverses préparations à base de plantes médicinales et d'algues ;

— diverses préparations bactériennes.

L'emploi de ces produits n'est nullement indispensable, mais il facilite la reconversion et améliore sensiblement les résultats dans certains cas.

Deux produits nous paraissent particulièrement intéressants :

— l'activateur de compostage à base de plantes, mis au point par l'anglaise M. Bruce (2).

— l'Humusferment, produit mis au point en Suisse par

---

(1) E. Pfeiffer, *Fécondité de la terre* ; du même : *Le gai jardin potager.*
(2) M. Bruce a mis au point une méthode de compostage rapide à l'aide de son activateur. Un activateur analogue est vendu en France sous le nom d'« activateur A.C.C. ».

l'équipe Rusch-Müller, qui réalise en ensemencement du sol en bactéries symbiotiques.

Pour les autres produits, le mieux est que chacun en fasse l'essai : nous ne pouvons porter un jugement sur des produits commerciaux dont la composition n'est pas toujours connue et que nous n'avons pas expérimentés de manière systématique.

Chapitre V

LA FERTILISATION BIOLOGIQUE
LA PRATIQUE

Le lecteur a pu être effrayé par le nombre de matières organiques et minérales naturelles utilisables en jardinage biologique. Il ne s'agit pas, bien entendu, de les utiliser toutes, mais de faire un choix en fonction des possibilités d'approvisionnement et de la nature du sol. En fait, la fertilisation biologique se résume à quelques pratiques simples, qui découlent de quelques principes eux aussi très simples, que l'on peut énoncer ainsi :

1er principe : La matière organique fraîche ne doit jamais être enfouie en profondeur dans le sol.

Elle doit, soit être compostée en tas, soit rester sur le sol en couverture, jusqu'à ce qu'elle soit suffisamment décomposée. Elle sera ensuite incorporée au sol, mais jamais à grande profondeur (1).

2e principe : Le sol ne doit jamais rester à nu.

Autant que possible, le sol doit toujours être couvert, soit par un engrais vert, soit par une couche de mulch, soit par la culture en place (tant qu'elle ne recouvrira pas toute la surface, on couvrira le sol de mulch entre les plantes cultivées).

---

(1) D'une manière générale, la matière organique fraîche empêche la germination des graines et est toxique pour les racines. C'est pourquoi on ne voit jamais de mauvaises herbes sur un tas de fumier, malgré la présence de nombreuses graines. Quelques plantes, comme les cucur-bitacées (courge, potiron, concombre, melon), font exception et peuvent germer sur du fumier frais.

3ᵉ principe : Les apports organiques doivent être aussi variés que possibe et ne doivent pas être excessifs.

Plusieurs petits apports sont toujours préférables à un apport massif. Un apport excessif, même en surface, de matière organique insuffisamment décomposée, peut avoir un effet défavorable à court terme.

4ᵉ principe : Les apports minéraux ne sont que le complément des apports organiques.

Les apports minéraux sont inefficaces si le sol n'a pas une activité biologique suffisante.

Nous examinerons maintenant les deux techniques de base de la fertilisation biologique : le compostage en tas et le compostage en surface.

1. LE COMPOSTAGE EN TAS.

● *Les matières premières du compost.*

On compostera toutes les matières organiques disponibles qui ne peuvent pas être apportées directement en couverture sur le sol.

● *La fabrication du compost.*

Bien que les avis soient partagés sur ce point, nous pensons qu'il faut rechercher un compostage rapide. Pour ce faire on opère comme suit.

— les matériaux sont finement hachés : ils se décomposent ainsi plus rapidement et facilitent la constitution des tas ;

— les tas de compost ont une section faible (50 à 60 cm de hauteur, 1 m à 1,20 m de largeur à la base), ce qui est favorable à une décomposition aérobie, et évite le retournement du tas ;

— on ajoute des roches siliceuses broyées, qui apportent des éléments minéraux (notamment des oligo-éléments) ;

— les tas sont protégés de la pluie, mais l'air peut circuler librement ;

— le compost est toujours établi à même le sol, et non dans une fosse. L'emplacement utilisé pour le tas ne doit être ni cimenté ni empierré.

Au bout de quelques semaines (4 à 6) se forme déjà un humus à odeur de forêt, bon à être épandu sur le sol (et

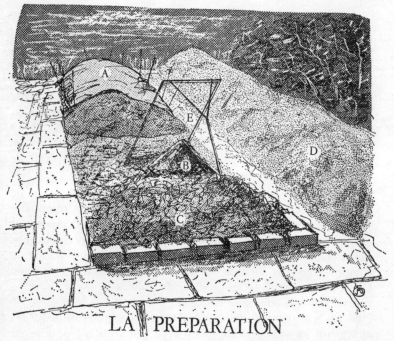

LA PREPARATION DU COMPOST

A : compost prêt à passer au tamis (une bâche plastique prévient le dessèchement ou le lessivage par les pluies) ; B : compost tamisé, prêt à l'emploi ; C : tas de parties grossières ne passant pas au tamis, et qui constituent, en mélange avec de nouvelles matières premières, le départ d'un nouveau compost ; D : compost en cours de fermentation ; E : tamis contre lequel le compost est projeté avec une pelle.

Autrement dit : au fur et à mesure de l'utilisation de l'ancien compost A, on forme le nouveau compost en C ; si les matières premières sont abondantes, on en fera à côté un tas provisoire en attendant de les reprendre pour la constitution du tas allongé.

non enfoui). C'est sur le sol que se produiront les dernières transformations qui aboutiront à la formation du terreau.

Il n'y a ni mauvaises odeurs, ni mouches. Tout se décompose naturellement au contact de l'air. En procédant ainsi, le temps de décomposition est considérablement réduit, les processus biologiques sont activés, la croissance des plantes est stimulée.

Au jardin familial on procédera pratiquement ainsi :

1. — Les matériaux disponibles (mauvaises herbes, déchets de cuisine, fumier, etc.) sont rassemblés en *un tas provisoire*. Les éléments trop grands sont coupés ; les éléments trop tassés sont aérés : l'air doit pénétrer dans ce tas provisoire. Le tas est saupoudré de poudre de roches. L'humidité apportée par la pluie n'est pas nuisible, mais au contraire bienfaisante. Toutes sortes de champignons microscopiques se mettent au travail et fixent dans leur mycélium l'azote qui pourrait se volatiliser. D'autres microorganismes continuent le travail de décomposition et de transformation.

2. — Après deux semaines, on a généralement assez de matériaux pour pouvoir faire un tas allongé. On commence par mélanger intimement tous les éléments. La décomposition se produit plus rapidement et dans de meilleures conditions qu'en faisant des couches successives. En même temps le compost est plus meuble et plus aéré, dépourvu de mottes. On peut à nouveau le saupoudrer de poudre de roches, surtout si de mauvasies odeurs se dégagent.

Si on n'a aucune matière organique d'origine animale, on ajoute un engrais organique du type poudre d'os, poudre de corne, guano, etc. Si l'on a un sol acide, on utilisera de préférence de la poudre d'os.

Le compost est de meilleure qualité et sa décomposition s'effectue dans de meilleures conditions s'il comporte un mélange d'éléments végétaux et animaux.

On peut remplacer l'apport de poudre de roche et d'engrais organique animal par un mélange tout préparé du commerce contenant ces éléments (à condition que ce mélange ne contienne aucun engrais chimique).

Les matériaux ainsi préparés sont disposés en tas allongés

de la manière décrite plus haut ; on mouille bien (sans détremper), on arrose éventuellement de purin, et, surtout, on ne tasse pas. Le tas peut être arrosé en cours de fabrication et une fois terminé avec un activateur à base de plantes. Ces activateurs accélèrent la décomposition car ils stimulent l'activité microbienne.

En protégeant le tas de compost de la pluie — tout en ménageant la libre circulation de l'air — on est assuré d'obtenir, au bout de 4 à 6 semaines, un compost bon à être tamisé puis épandu sur le sol. En effet la pluie ne risque pas de venir le détremper, le tasser ou en chasser l'air, ce qui retarderait la décomposition ou la rendrait anaérobie. Les moyens de réaliser cette protection sont nombreux. On peut, par exemple, faire un treillis en fil de fer et le recouvrir de matière plastique.

Selon l'usage que l'on veut en faire, le compost sera tamisé ou non. Si on le tamise (par exemple pour recouvrir un semis) les éléments grossiers qui ne passent pas à travers le tamis sont ajoutés au nouveau tas de compost.

Le compost tamisé sera entreposé dans un endroit aéré, à l'abri du soleil ou de la pluie, de sorte que l'on puisse en disposer au fur et à mesure des besoins.

● *L'utilisation du compost.*

L'utilisation du compost n'est pas la même selon qu'il est peu, moyennement ou très décomposé. D'autre part le temps de décomposition varie avec les conditions atmosphériques, la nature et l'état des matériaux utilisés. Le temps de 4 à 6 semaines que nous avons donné précédemment est valable seulement si les conditions sont favorables : temps pas trop froid (en hiver le compostage est beaucoup plus lent), matériaux finement divisés et à décomposition rapide. Les matériaux très cellulosiques (paille, feuilles, sciure) demandent un temps de compostage beaucoup plus long.

Cependant il n'est pas toujours nécessaire, ni même souhaitable, que le compost soit « mûr » (c'est-à-dire proche de l'état de terreau) pour l'utiliser.

Voici les principales règles à suivre :

— *un compost mûr* peut être utilisé en toutes circonstances (apport en couverture ou dans le sol) et sur toutes les cultures. On le réservera, dans la pratique, aux plantes ne supportant pas les matières organiques fraîches ou semi-décomposées (betteraves, céleris, carottes, oignons, ail, etc.) et à la couverture des semis.

— *un compost partiellement décomposé* ne doit être utilisé qu'en couverture sur le sol, et seulement sur des plantes supportant bien ce type de compost (pommes de terre, tomates, concombre, courge). Même dans ces conditions, on fera attention de ne pas forcer les doses ; on ne fera pas d'arrosages abondants dans les jours qui suivent l'apport du compost car l'eau risquerait d'entraîner les éléments non décomposés du compost au niveau des racines.

Ce type de compost peut également être apporté sur le sol, à l'automne, en couverture, après les récoltes. Pour les apports en couverture sur le sol nu ou sur engrais verts, un compost peu décomposé est préférable à un compost mûr, le sol bénéficiant directement de l'activité microbienne.

2. LE COMPOSTAGE EN SURFACE.

Il consiste à laisser les matières organiques se décomposer à la surface de sol, en couche mince, et non plus en tas. Il constitue, à notre sens, la base de la fertilisation biologique, le compostage en tas n'étant que son complément.

On reconstitue en fait le processus naturel qui se réalise dans les forêts, les feuilles des arbres se compostant sur le sol et formant cet humus si caractéristique de la forêt. Dans les prairies, les déjections animales, l'herbe fauchée et non récoltée, les apports de fumier et de purin se compostent naturellement à même le sol. Les expériences de Rusch (1) ont montré que le sol profitait au maximum de la vie microbienne des matières organiques en décomposition lorsque cette décomposition se faisait à même le sol. L'efficacité du compostage en surface est particulièrement spectaculaire dans les sols sableux, qui sont améliorés très rapidement.

(1) Lire l'ouvrage fondamental de H.P. Rusch, *La Fécondité du sol*, Ed. Le Courrier du Livre.

Le compostage en surface revêt de multiples formes :

● *Compostage en surface des résidus de récolte.*

Certaines cultures (pommes de terre, pois, haricots, fèves, maïs) laissent des résidus importants. La méthode classique est d'arracher tous ces résidus et de les mettre sur le compost. Nous préférons une autre méthode : le broyage et le compostage sur place.

Si vous avez une bonne tondeuse à gazon, passez-là dans votre carré de pommes de terre (lorsqu'elles sont bonnes à récolter), de haricots, de pois ou de fèves (une fois la récolte terminée, bien entendu), ou dans tout autre carré de légumes laissant sur place un résidu pouvant être facilement broyé. Il restera sur le sol une mince couche de débris finement hachés.

— *Si vous n'utilisez pas le terrain tout de suite,* laissez cette couche sécher en surface puis incorporez-la au sol, le moins profondément possible (2 à 3 cm) : le but est de réaliser à la surface du sol un mélange de déchets végétaux avec un peu de terre pour accélérer l'attaque par les microorganismes. Ajoutez un engrais biologique organique ou organominéral adapté à votre terre (1) : une ou deux semaines plus tard le sol sera prêt à être ensemencé. Vous pouvez même faire un repiquage immédiatement après s'il s'agit de plantes enterrées assez profondément (choux, poireaux, tomates, etc.). Par contre vous devrez attendre pour repiquer des salades ou des céleris (plantes repiquées à faible profondeur et craignant la matière organique fraîche).

— *Si vous voulez utiliser le terrain immédiatement* pour un semis ou pour un repiquage superficiel, vous pouvez :
— soit utiliser la méthode classique (arrachage et mise sur le compost des résidus) ;
— soit passer la tondeuse, puis ratisser les déchets hachés et les mettre sur le compost ou encore les utiliser en mulching. La seconde méthode est plus rapide et plus rationnelle si l'on cultive une surface importante.

(1) Voir page 60.

● *Compostage en surface réalisé par la couverture du sol.*

Nous avons consacré un chapitre entier à cette question (chapitre 6, page 62), en raison de son importance, et aussi parce qu'elle dépasse le cadre du compostage proprement dit.

3. Résumé de la fertilisation biologique.

Tout ce que nous avons dit de la fertilisation peut finalement se résumer en quelques règles simples.

● *Apports à effectuer en automne.*

a) *Si vous ne disposez pas de fumier :*

Dans la plupart des sols : achetez un fertilisant biologique complet contenant environ 50 % d'éléments organiques (en majorité d'origine animale) et 50 % d'éléments minéraux (roches siliceuses, phosphate et éventuellement lithothamne). Apporter 20 kg à l'are, en surface. On peut aussi acheter et apporter séparément les éléments du mélange ci-dessus.

Dans les sols très calcaires (pH supérieur à 8) : achetez un mélange analogue, mais ne contenant pas de lithothamne et contenant de la cendre de bois ou du Patentkali. Vous pouvez aussi apporter séparément la cendre de bois ou le Patentkali (la cendre de bois est préférable) à raison de 6 kg de cendre de bois ou de 3 kg de Patentkali à l'are.

b) *Si vous disposez de fumier,* vous pouvez apporter, en plus du fumier :

— Soit les mêmes fertilisants que ci-dessus, mais en réduisant les doses de moitié environ,

— Soit un fertilisant biologique purement minéral (mêmes mélanges que ci-dessus moins les éléments organiques), à la dose de 10 kg à l'are.

Le fumier sera apporté à raison d'environ 200 à 300 kg à l'are (1). S'il s'agit de fumier de bonne qualité (fumier frais,

---

(1) Pour le fumier de vache. Ces quantités sont à diviser par deux pour du fumier de cheval ou de mouton et par cinq pour du fumier de poule.

si possible biologique), une partie sera épandue sur le sol en couverture à l'automne et le reste sera incorporé au compost. S'il s'agit d'un fumier de qualité médiocre, on le compostera en totalité.

Le compost disponible sera répandu en couverture sur les plantes débarrassées de leur culture ou sur des engrais verts.

Toutes les planches inoccupées seront recouvertes de leur manteau organique protecteur (voir chapitre 6). Si vous disposez de quantités limitées de fumier de cheval, gardez-le pour vos couches chaudes (voir p. 109).

● *Apports en cours d'année.*

En cours d'année, on fera les apports suivants :

— apports de compost bien décomposé, au fur et à mesure de sa fabrication, entre deux cultures, entre les jeune plantes (en couverture), ou pour recouvrir les semis ;

— couverture du sol (mulching) avec les matériaux disponibles (voir chapitre 6) ;

— éventuellement, entre deux cultures, apport de 10 kg à l'are du fertilisant biologique complet utilisé à l'automne. Cet apport est justifié surtout si l'on dispose de peu de compost et pour les cultures les plus exigeantes ;

— arrosages avec du purin d'ortie, surtout pour les cultures exigeantes (poireau, chou-fleur, artichaut, etc.).

CHAPITRE VI

LA COUVERTURE DU SOL

Dans la nature une terre n'est jamais à nu : une terre nue meurt progressivement. On peut d'ailleurs remarquer qu'une terre nue se recouvre rapidement de mauvaises herbes, comme pour se protéger. Quand elle ne le fait pas, c'est que le climat ne le permet pas ou alors qu'elle est bien malade. Dans la forêt, la terre est toujours recouverte par une couche de feuilles en voie de décomposition. Dans les prairies, le sol est également couvert en permanence. En agriculture et en jardinage, on est évidemment obligé de mettre la terre à nu, pour l'ameublir et la débarrasser de ses mauvaises herbes avant d'y faire un semis ou une plantation. Mais la période pendant laquelle le sol est à découvert doit être réduite au minimum. Le jardinier dispose pour cela de nombreux moyens.

1. LES DIFFÉRENTS TYPES DE COUVERTURE DU SOL.

Nous distinguerons cinq types principaux de couverture du sol :

a) la couverture végétale vivante (engrais verts ou culture en place) ;

b) la couverture par de la matière végétale verte coupée ;

c) la couverture par du compost ;

d) la couverture par de la paille ou du foin ;

e) la couverture par du fumier frais.

a) *La couverture végétale vivante.*

Elle peut être constituée :
— soit par des engrais verts
— soit par les plantes cultivées elles-mêmes, quand elles ont atteint un développement suffisant pour recouvrir le sol. Une pratique particulièrement intéressante sous ce rapport est celle des *cultures associées* ; elle permet en effet de limiter le temps pendant lequel le sol est à découvert.

b) *La couverture par la matière première végétale verte coupée.*

Cette matière végétale peut être constituée par de l'herbe, de préférence coupée assez finement ; par exemple le gazon des pelouses coupé par la tondeuse ou encore une coupe d'engrais vert ; au besoin on réservera un coin de jardin à la production d'un engrais vert dont les coupes seront destinées à la couverture du sol. Ce ne sera pas de la place ni du temps perdu, loin de là. Cette herbe sera répandue sur le sol tout au long de la période de végétation, tant que les plantes cultivées n'auront pas atteint un développement suffisant pour recouvrir entièrement le sol. Elle ne doit jamais être épandue sur les semences ou les jeunes pousses, mais *entre les rangs*. Pour que les rangs restent visibles, on pourra les marquer par un léger apport de tourbe sur chaque ligne de semis. On n'utilisera pas, comme couverture, des plantes avec leurs graines ou leurs racines, car nous ne tenons pas à favoriser le développement des mauvaises herbes.

Quelle doit être l'épaisseur de cette couche de mulch ? Cela dépend du type de matériaux disponible ; s'il est aéré on mettra une couche d'environ 2 cm ; s'il est compact, l'épaisseur sera moindre. Il ne faut pas en mettre trop, car la décomposition de la couche végétale doit rester aérobie. Si la couche est trop épaisse, la décomposition devient anaérobie et produit des substances inhibitrices que les pluies entraînent jusqu'aux racines : la croissance des plantes est inhibée au lieu d'être favorisée.

Si la couche de mulch se dessèche, cela ne présente pas d'inconvénient, car cela ne l'empêche pas de couvrir le sol et de nourrir les microorganismes ; la décomposition est simplement un peu retardée.

Après quelques semaines, il y a intérêt à renouveler la couverture végétale si on ne veut pas risquer une croissance particulièrement vigoureuse des mauvaises herbes dans la couche d'humus formée par la décomposition de la couverture de mulch. En général ce second apport suffira à assurer la couverture du sol jusqu'à ce que les plantes puissent l'assurer elles-mêmes.

c) *La couverture par le compost.*

Le compost peut être apporté en couverture durant toutes les périodes de l'année. L'apport de compost est particulièrement intéressant sur les semis de printemps, quand on ne dispose pas encore d'herbe fraîche, et en automne pour l' « hivernage » du jardin.

d) *La couverture par de la paille ou du foin.*

Le paillage proprement dit — avec de la paille — ne se justifie que dans quelques cas particuliers : pour isoler du sol des légumes risquant de pourrir (tomates, courges, potirons, concombres) ou pour protéger temporairement certains semis à levée capricieuse ou craignant particulièrement la sécheresse (scorsonères, mâche), encore que cette protection puisse être assurée par d'autres moyens (voir chapitre 10). La paille se décompose très lentement ; c'cst un avantage pour protéger les fruits de la pourriture, mais c'est un inconvénient dans les autres cas.

Le foin est très utilisé dans certains pays, notamment aux Etats-Unis, pour le mulching. Il a l'avantage de se décomposer plus rapidement que la paille et d'avoir une valeur fertilisante beaucoup plus grande. Le foin est plus cher que la paille mais on trouve souvent, à la campagne, du foin plus ou moins mouillé dont les agriculteurs se débarrassent à bas prix et que parfois ils ne ramassent même pas.

Notons que le « paillis » dont on parle dans les anciens traités de jardinage — et même dans certains traités récents — n'est pas, comme on le croit souvent, un apport de paille sur le sol. H. Alliot en donne la définition suivante : « Le paillis est une sorte de fumier pailleux très délité et par conséquent très court, qui peut être naturel ou artificiel. » En fait, le paillis traditionnel n'était rien d'autre qu'un fumier partiellement décomposé. On l'épandait en surface sur les semis et sur les jeunes plantations : c'était déjà une méthode de couverture du sol par de la matière organique.

e) *Couverture par du fumier frais.*
Au jardin familial on utilisera le fumier surtout pour la préparation des planches pour l'hiver. On emploiera le fumier frais soit directement à sa sortie de l'étable, soit après un bref séjour en tas allongés, non tassés et de faible section ; le fumier provenant des tas de fumier classiques est à déconseiller car il contient des substances inhibitrices, en raison de la fermentation anaérobie qu'il a subie. Les apports de fumier doivent toujours être modérés et former sur le sol une couche mince et aussi uniforme que possible.

2. LA COUVERTURE DU SOL POUR L'HIVER.

Il est particulièrement important que le sol soit protégé en hiver des intempéries (pluies et gel) par une couverture organique, qui fournira en même temps la nourriture nécessaire aux microorganismes. On pourra utiliser, pour cela :
— du compost ;
— du fumier frais (de diverses origines : vache, cheval, mouton, poules, etc.) ;
— éventuellement, si l'on ne dispose pas de fumier, des engrais organiques du commerce (poudre de corne, poudre d'os, de sang, déchets de laine, soies de porcs, etc.) (1) ;
— du foin ;
— enfin toutes les matières vertes disponibles ; résidus de récolte (fanes de carottes et de pommes de terre, feuilles de choux et trognon de choux, pieds de tomates, etc.), engrais verts, mauvaises herbes (à condition qu'elles ne soient pas montées à graines). Tous ces végétaux devront autant que possible être hachés en petits morceaux.

(1) Ou un fertilisant biologique complet (voir p. 60).

Si, comme c'est le cas général, on dispose de plusieurs des types de matériaux qui viennent d'être mentionnés, on les répandra successivement sur toute la surface libre, dans l'ordre ci-dessus : d'abord le compost, puis le fumier ou les engrais animaux du commerce, enfin les résidus végétaux. Cela se comprend aisément : on met au contact du sol les matériaux les plus décomposés.

Il est très important que les matériaux soient apportés au sol sous une forme *aérée et bien divisée* ; il faut éviter, en particulier, les « paquets » de fumier. Le sol doit pouvoir continuer de respirer.

L'épaisseur de la couche de mulch dépendra de la nature et de l'état des matériaux ; elle sera en moyenne de 5 à 8 cm ; elle sera plus forte avec des matériaux légers et aérés et plus faible avec des matériaux plus lourds et compacts. Il ne faut pas croire que plus on en met, mieux cela vaut. Si le sol ne peut plus respirer, au printemps il sera lourd et compact, au lieu d'être léger, grumeleux et facile à travailler ; on augmentera en même temps les risques de maladies et d'attaques parasitaires.

Le fumier sera saupoudré de poudre de roches (basalte par exemple), afin de fixer l'ammoniaque et d'apporter des éléments minéraux, particulièrement les oligo-éléments.

Ainsi toutes les matières seront utilisées au mieux et le sol, protégé et nourri pendant tout l'hiver, sera au printemps dans un état de fertilité optimum.

Chapitre VII

LE TRAVAIL DU SOL

L'objectif du jardinier biologique doit être de travailler le sol le moins possible.

Cela ne veut pas dire que l'on peut ensemencer un sol dur et compact, mais qu'en jardinage biologique le sol ne devrait jamais être dur ou compact, même sans être travaillé. Les meilleurs laboureurs sont les racines des plantes, les vers et tous les êtres vivants du sol. A nous de savoir les faire travailler.

La terre d'un jardin biologique doit finir par ressembler à du terreau : le terreau reste toujours meuble ; tout au plus a-t-il besoin d'un coup de croc pour l'aérer un peu entre deux cultures.

Mais on n'arrive pas à ce résultat du jour au lendemain.

En attendant, il faut bien ameublir la terre, à la main ou à la machine.

1. Comment ameublir la terre « biologiquement » ?

Le principe est simple : il faut ameublir la couche arable, sur une profondeur d'environ 20 cm, sans mélanger les couches du sol, et surtout sans ramener en surface les couches profondes ni enfouir les couches superficielles, comme on le fait souvent avec la bêche ou la charrue.

a) *Le travail à la main.*

On peut bêcher avec la bêche traditionnelle (bêche à dents, pour ne pas couper les vers de terre), sans retourner la terre, mais cela demande un certain coup de main et prend plus de temps que le bêchage traditionnel.

Il vaut mieux utiliser un outil spécialement conçu pour ce travail. Le meilleur à notre connaissance est la « grelinette », sorte de bêche à dents à deux manches dont le maniement est très facile et beaucoup moins fatigant que celui de la bêche classique (voir page 34).

On pratique cet ameublissement à l'automne, avant d'apporter à la terre son manteau protecteur, et, si c'est nécessaire, entre deux cultures.

Lorsque, après quelques années de jardinage biologique, le sol sera suffisamment enrichi en humus, ce travail ne sera même plus nécessaire : le travail au croc suffira.

b) *Le travail au motoculteur.*

La plupart des motoculteurs sont équipés de fraises ou de houes rotatives.

Ces appareils présentent plusieurs inconvénients :

— ils risquent de couper les vers de terre ;

— ils mêlent intimement les différentes couches du sol ;

— s'ils tournent trop vite, ils émiettent trop la terre et détruisent sa structure.

Ils sont cependant intéressants à condition de ne les utiliser que superficiellement, de les faire tourner à vitesse modérée et de compléter leur travail par un ameublissement en profondeur à l'aide d'un appareil à dents (1). Certains fabricants de motoculteurs vendent des outils parfaitement adaptés à ce travail.

2. Quelques règles essentielles.

● *Il ne faut jamais travailler un sol, ni même marcher dessus, sauf nécessité, lorsqu'il est humide,* c'est-à-dire lorsqu'il colle aux outils et aux chaussures et qu'il enfonce sous le pied. Cette règle est fondamentale.

---

(1) Le passage de ces dents (cultivateur ou socs piocheurs) requiert une puissance plus grande que pour l'emploi de houes rotatives.

● Moins on marche sur un sol, et surtout moins on passe dessus avec des engins lourds, et mieux il se porte.

● Le sol est un organisme vivant — on lui doit les mêmes égards qu'à un animal ou à une plante. Si on le brutalise en le travaillant au mauvais moment, avec des outils qui ne conviennent pas, c'est la plante — et le consommateur — qui en pâtit.

● Vous pouvez fertiliser votre sol de la meilleure façon possible, mais si vous le travaillez mal toute votre peine sera perdue.

3. CONSEILS PRATIQUES.

— L'ameublissement du sol en profondeur doit se faire de préférence en automne, surtout si le sol est argileux.

— Il suffira généralement d'un coup de croc au printemps pour ameublir à nouveau le sol travaillé à l'automne.

— Les sols sableux, à structure instable, seront ameublis en profondeur au printemps et non en automne. Dans la mesure du possible, ils devront être occupés tout l'hiver soit par une culture soit par un engrais vert que l'on sèmera particulièrement dru.

— Il est très important de ne travailler le sol que lorsqu'il a un taux d'humidité convenable. Plus un sol est argileux et plus il est difficile de trouver le bon moment pour le travailler : trop humide, il colle aux outils et forme des mottes qui, sous l'action du soleil, deviennent dures comme des pierres. Trop sec, il est impossible de le travailler.

Il faut donc, dans ce type de sol, guetter le bon moment et en profiter pour faire le maximum de travail.

— Si vous travaillez au motoculteur, prenez garde de ne pas trop émietter le sol. Une terre très fine est sans doute jolie à voir, lorsqu'elle vient d'être travaillée, mais sa structure est instable et elle se colmatera ou se « glacera » à la première pluie, empêchant la circulation de l'eau et surtout de l'air. On préférera donc les houes rotatives qui tournent assez lentement aux fraises qui tournent à grande vitesse.

Nous parlerons des binages et sarclages au chapitre 10.

CHAPITRE VIII

ROTATION ET ASSOCIATIONS DE CULTURES

1. ROTATION ET ASSOLEMENT (1).

La rotation est la suite des cultures sur un même sol.

La nécessité d'une rotation rigoureuse est moins grande en jardinage qu'en grande culture ; un sol très riche en humus et recevant une bonne fertilisation organique peut supporter plusieurs fois de suite la même culture sans que la récolte s'en ressente.

Il est cependant indispensable d'alterner les cultures et de ne pas laisser au hasard la succession des plantes cultivées sur un même terrain.

Le principe fondamental est très simple : on alternera des cultures ayant des modes de végétation, des systèmes radiculaires et des besoins nutritifs différents. Les racines des diverses plantes qui se succèderont pourront ainsi explorer toutes les couches du sol, et utiliser dans des proportions équilibrées tous les éléments qu'il contient.

Dans la pratique, on s'efforcera de respecter les quatre règles suivantes :

1° *On fera alterner des plantes ayant un mode végétatif différent :*

— *légumes-feuilles :* ail, bette, cardon, céleri à côtes, chicorée,

---

(1) L'assolement est la division de la terre cultivée en « soles » consacrées chacune à une culture. Dans la pratique le terme assolement est souvent utilisé à la place de rotation.

choux, épinard, fenouil, laitue, mâche, oignon, pissenlit, poireau, tétragone.

— *légumes-racines et tubercules :* betterave, carotte, célerirave, navet, panais, radis, salsifis, pomme de terre, topinambour ;

— *légumes-fruits :* concombre, courge, melon, tomate ;

— *légumineuses :* fève, haricot, pois, soja, lentille.

2° *On évitera de faire se succéder deux plantes de mode végétatif différent mais appartenant à la même famille botanique :*

— betterave et épinard ou bette (famille des Chénopodiacées) ;

— céleri à côtes et céleri-rave ou carotte (famille des Ombellifères) ;

— salsifis ou scorsonère et chicorée, laitue ou pissenlit (famille de Composées) ;

— tomate et pomme de terre (famille des Solanées).

3° *On fera revenir régulièrement* (si possible une fois tous les deux ans) *une légumineuse,* qui enrichira le sol en azote : soit une légumineuse cultivée pour la consommation (fève, pois, haricot, soja, lentille) soit un engrais vert (trèfle, vesce, pois fourrager, gesse, etc.).

4° *On fera alterner des cultures exigeantes qui demandent une fumure organique abondante, et des cultures moins exigeantes qui préfèrent une fertilisation organique modérée.*

Plantes exigeantes (on pourrait les appeler voraces) nécessitant une forte fumure organique et supportant des apports organiques partiellement décomposés (compost jeune et même, pour certaines d'entre elles, fumier frais) : asperge, bette, céleri, chou, concombre, courge et potiron, épinard, laitue, maïs, poireau, pomme de terre hâtive, rhubarbe.

Plantes moins exigeantes, préférant une fumure organique modérée, à base de compost très décomposé : ail, betterave rouge, carotte, chicorée sauvage et scarole, haricot, lentille, mâche, pissenlit, pomme de terre de conservation, radis, raifort, oignon, pois, et la plupart des plantes aromatiques.

Comment organiser la rotation au jardin potager ? Il est très difficile, en raison du grand nombre de cultures pratiquées et de la variété des associations, de pratiquer un assolement rigide. Dans la pratique on peut :

— soit pratiquer sur chaque planche une rotation indépendante ;

— soit diviser le jardin en 2, 3 ou 4 « soles », chaque sole portant un type de culture déterminé qui change d'une année sur l'autre.

La pratique d'une rotation indépendante sur chaque planche est le système le plus souple mais il exige une bonne planification de la production. Le système suivant nous paraît à la fois simple et efficace : le jardin est divisé en trois parties, ou « soles », qui sont utilisées comme suit :

— la sole 1 porte les cultures annuelles les plus exigeantes (voir liste ci-dessus),

— la sole 2 porte les cultures moins exigeantes (voir liste),

— la sole 3 porte les cultures pluri-annuelles (artichaut, fraisier, rhubarbe) et, éventuellement, les plantes aromatiques.

On intervertit chaque année les cultures pratiquées sur les soles 1 et 2. Tous les trois ou quatre ans la sole 3 prend la place d'une partie (ou éventuellement de la totalité) de la sole 1 ou de la sole 2.

Bien entendu, la pratique des cultures associées et de deux cultures successives la même année, sur certaines planches, amènera à faire de nombreuses entorses à ce schéma de principe.

Les plantes en souffriront d'autant moins que le niveau de fertilité du sol sera meilleur.

Les plantes exigeantes devront recevoir un apport de compost plus important que les autres ; on leur réservera le compost le moins décomposé. Précisons enfin que des engrais verts viendront s'intercaler dans la rotation chaque fois que ce sera possible, c'est-à-dire chaque fois que le sol sera libre suffisamment longtemps pour permettre la croissance de l'engrais vert.

2. LES CULTURES ASSOCIÉES.

Associer les plantes pour qu'elles s'aident mutuellement est une pratique connue de tous temps ; il a fallu la science agronomique moderne pour que cette pratique soit jugée sans intérêt. L'agriculture biologique s'efforce depuis sa naissance de retrouver les connaissances anciennes sur les associations de plantes, mais il reste encore beaucoup à découvrir en ce domaine.

Associer les plantes entre elles présente de multiples avantages :

— certaines plantes ont un effet bénéfique sur d'autres, soit qu'elles favorisent leur croissance, soit qu'elles éloignent certains parasites ;

— l'association de deux plantes à système radiculaire différent permet une meilleure utilisation du sol ;

— en associant une plante à croissance rapide et une plante à croissance lente, on gagne de la place et on réduit d'autant plus le travail de préparation et d'entretien du sol.

Les associations de plantes peuvent être faites :

— soit en semant (en ligne ou à la volée) un mélange des graines des plantes que l'on veut associer ; cette méthode est surtout pratiquée dans les semis à la volée dans les cultures sous châssis.

— soit en semant ou en plantant des lignes alternées de plantes associées ; c'est la méthode adoptée dans la plupart des cas.

La question des associations de plantes a surtout été étudiée par l'école biodynamique. Un certain nombre d'associations ont par ailleurs été expérimentées par des maraîchers ou des jardiniers amateurs.

Nous donnerons tout d'abord quelques exemples d'associations particulièrement intéressantes et ayant fait leurs preuves ; nous indiquerons ensuite les influences réciproques des principaux légumes, d'après la méthode biodynamique.

a) QUELQUES EXEMPLES D'ASSOCIATIONS :

● *Carotte - laitue - radis* (sous châssis).
C'est une association pratiquée depuis longtemps par cer-

tains maraîchers dans les cultures sous châssis : on sème à la volée carottes et radis et on repique quelques laitues. Les laitues et les radis sont rapidement bons à récolter, laissant toute la place aux carottes. On prendra garde de ne pas semer trop dense !

● *Carotte - radis* (en pleine terre).

On peut :

— soit semer des lignes alternées de carottes et de radis. Les carottes sont semées à écartement normal (25 à 30 cm), avec un rang de radis entre chaque rang de carottes. Les radis arrivent à maturité alors que les carottes ne sont encore que peu développées ;

— soit semer sur la même ligne un mélange de graines de carottes et de radis. Cette méthode est préférable à la précédente. On peut en effet passer entre les rangs avec un sarcloir ou une houe à bras. Il semble d'autre part que les radis, grâce à leur végétation très rapide, limitent l'envahissement des carottes par les mauvaises herbes. Dernier avantage : les radis lèvent avant les carottes et permettent un premier sarclage précoce.

● *Carotte - laitue.*

On sème les carottes en lignes distantes de 35 à 40 cm et on repique un rang de laitues entre chaque rang de carottes : les laitues seront bonnes à cueillir avant que les carottes ne puissent les gêner.

● *Carotte hâtive - poireau.*

On sème les carottes en ligne distante de 35-40 cm et on repique un rang de poireaux entre chaque rang de carottes. Les poireaux ne sont repiqués que lorsque les carottes ont déjà un certain développement. Une fois les carottes récoltées (en juin-juillet puisqu'il s'agit de carottes hâtives) les poireaux auront toute la place nécessaire pour se développer. Cette association a été essayée par un maraîcher suisse et elle lui a permis de faire disparaître entièrement les quelques dégâts que lui causaient encore, certaines années, le ver du poireau.

● *Chou-laitue.*

Les choux sont mis en place à leur écartement normal et

on repique un rang de salade entre chaque rang de choux.

● *Epinard de printemps - poireau,*
  ou épinard de printemps - céleri-rave.

Les épinards sont semés en mars-avril en lignes distantes de 30 cm. Les poireaux ou les céleris-rave sont repiqués en mai, un rang entre chaque rang d'épinards.

● *Pois - chou - laitue d'hiver.*

En mars on sème les pois et on repique les laitues d'hiver en lignes alternées distantes de 50 cm (dans une planche de 1,20 m de large, on sèmera un rang de pois au milieu et on plantera un rang de salade de part et d'autre). En mai ou début juin on repiquera un rang de choux dans l'intervalle laissé entre un rang de pois et un rang de salade.

● *Haricot nain - chou précoce.*

On repique un rang de choux au milieu de la planche et on sème un rang de haricots de part d'autre, à 40 cm du rang de choux.

● *Haricot à rame - concombre.*

On sème, par planche, deux rangs de haricots à rame, à 80 cm d'intervalle. On plante un rang de concombres entre les deux rangs de haricots.

● *Tomate - oignon* (plantation de bulbes).

On plante au printemps (fin février - début mars) un rang d'oignons au milieu de la planche destinée à recevoir les tomates ; ces dernières sont mises en place en mai, à l'écartement habituel, en plantant un rang de chaque côté du rang d'oignons, à 35-40 cm de ce dernier.

● *Carotte - oignon.*

On sème en alternance 3 rangs d'oignons et deux rangs de carottes. L'intervalle entre chacun des 5 rangs est de 25 cm.

● *Céleri-rave - chou-fleur.*

On repique un rang de choux-fleurs au milieu de la planche et un rang de céleris de part et d'autre, à 40 cm du rang de choux-fleurs.

⁂

Bien entendu, cette liste n'est pas limitative : de multiples autres associations peuvent être réalisées comme le montrent les cinq tableaux reproduits à la fin de ce chapitre (1). L'essai de nouvelles associations est une recherche permanente — et passionnante — pour le jardinier.

Noter que les dates des semis indiquées sur ces tableaux sont, pour certaines cultures, un peu plus tardives que celles données dans le présent ouvrage. En effet, ces tableaux ont été établis pour un climat continental. Dans une grande partie des régions françaises, les semis peuvent être effectuées, en général, un peu plus tôt (se référer à la carte climatique, page 92).

b) Influence réciproque des principaux légumes d'après la méthode biodynamique (données extraites des publications de l'association biodynamique américaine. (Voir tableau ci-après.)

(1) Tableaux extraits de la brochure : « *Kombinierte Gemüsebeete* », et reproduits ici grâce à l'aimable autorisation des établissements G.R. Vatter (semences et graines), 3098 Köniz-Berne (Suisse).

LÉGUMES	ASSOCIATIONS FAVORABLES	ASSOCIATIONS DÉFAVORABLES
Ail et oignons	Betteraves, fraises, laitues, tomates	Haricots, pois
Aubergines	Haricots	
Asperges	Tomates, persil	
Betteraves	Haricots nains, oignons	
Carottes	Laitues, radis, pois, tomates, oignons	
Céleris	Poireaux, tomates, haricots, choux	
Choux	Pommes de terre, céleris, betteraves, oignons	Fraises
Concombres	Haricots, pois, maïs, oignons, radis	Pommes de terre
Courges, potirons	Maïs	Pommes de terre
Epinards	Fraises	
Fèves	Maïs	
Fraisiers	Haricots, épinards, laitues	Choux
Haricots	Pommes de terre, carottes, concombres, choux et la plupart des autres légumes	Ail, oignon, échalotte
Laitues	Carottes, radis, fraises, concombres, courges	Tournesol
Navets	Pois	
Oignons (voir ail)		
Poireaux	Oignons, céleris, carottes	
Pois	Carottes, navets, radis, concombres, maïs et la plupart des légumes	Ail, oignon, échalotte
Pommes de terre	Haricots, maïs, choux, fèves	Concombres, courges, tournesol, tomates
Radis	Pois, laitues, carottes	Pommes de terre
Tomates	Oignons, asperges, carottes, haricots	

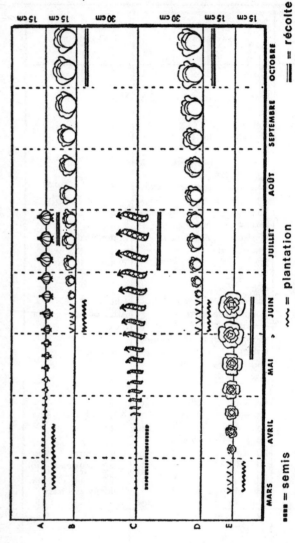

▬▬▬ = semis   **〜 = plantation**   **═══ = récolte**

Rangs A, E : *oignons* (plantation de bulbes) comme figuré rang A ; ou *échalottes* (plantation de bulbes comme les oignons, récolte première quinzaine de juillet ; ou *laitue d'hiver*, comme figuré rang E ; ou *laitue de printemps* (plantation fin avril, récolte en juin) ; ou *carottes hâtives* ou *demi hâtives* (semis mars, récolte juin - début juillet).

Rang B, D : *chou vert* ou *rouge*, comme figuré.

Rang C : *pois nains*, comme figuré ; ou *haricots nains* (semis première semaine de mai, récolte dernière quinzaine de juillet) ; ou *épinards* (semis première quinzaine d'avril, récolte mai à début juillet).

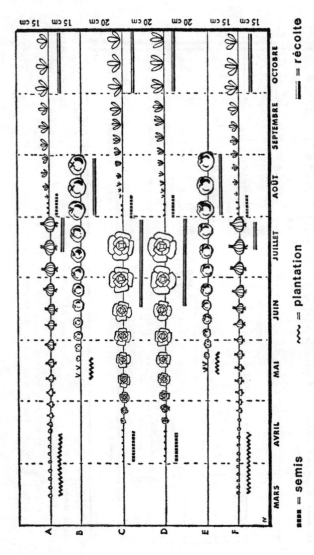

Rangs A, F : *oignons* (plantation de bulbes) comme figuré ; ou *échalotes* (plantation de bulbes,
récolte première quinzaine de juillet) ; seconde culture : *mâche*, comme figuré.

Rangs B, E : *tomates*, comme figuré.

Rangs C, D : *laitue d'été*, comme figuré ; seconde culture : *mâche*, comme figuré.

▬ = semis   ∿ = plantation   ▬ = récolte

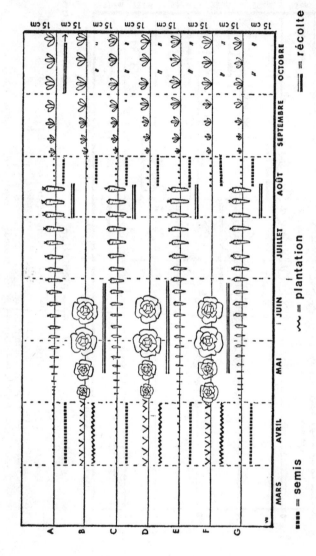

= semis   ∿ **= plantation**   **= récolte**

Rangs A, C, E, G : *carottes tardives*, comme figuré ; seconde culture : *mâche*, comme figuré.
Rangs B, D, F : *laitue d'hiver ou de printemps*, comme figuré ; seconde culture : *mâche*, comme figuré.

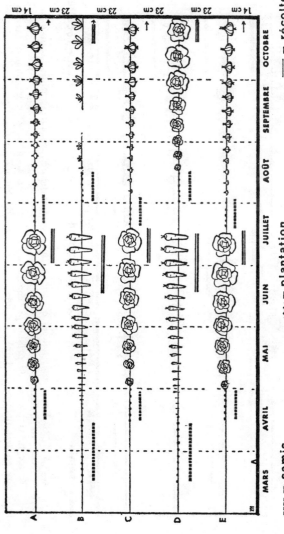

▬▬ = semis   ~~~ = plantation   ▬▬ = récolte

Rangs A, C, E : *laitue de printemps*, comme figuré (on peut aussi la planter, auquel cas on la récolte en 2ᵉ quinzaine de juin) ; seconde culture : *oignons de printemps*, comme figuré (récolte mai à juin de l'année suivante).

Rangs B, D : *carottes hâtives* ou *semi-hâtives*, comme figuré ; seconde culture : *mâche*, comme figuré rang B ; ou *laitue d'hiver*, comme figuré rang D ; ou *épinards d'hiver* (semés à partir d'août, récolte de l'automne au printemps).

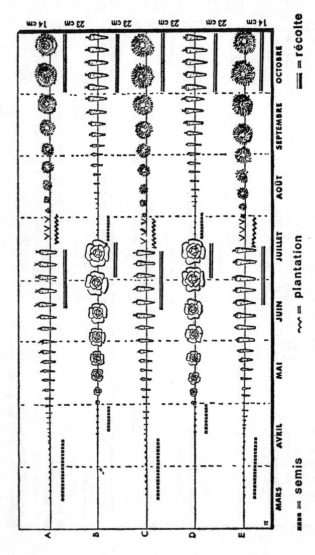

Rangs A, C, E : *carottes hâtives* ou *semi-hâtives*, comme figuré ; seconde culture : *scarole* ou *chicorée frisée*, come figuré ; ou *laitue d'été*.

Rangs B, D : *laitue de printemps*, comme figuré (on peut aussi la planter, auquel cas on la récolte en 2e quinzaine de juin) ; seconde culture : *carottes hâtives*, comme figuré.

Chapitre IX

LA LUTTE CONTRE LES PARASITES

En jardinage biologique, les invasions de parasites sont rares, et quelques produits non toxiques suffisent à résoudre pratiquement tous les problèmes.

L'essentiel de la lutte antiparasitaire en jardinage biologique est une lutte préventive : il s'agit de mettre les plantes dans les meilleures conditions de développement possibles afin que leurs mécanismes de défense contre les parasites [1] puissent fonctionner normalement. Il faut également favoriser la lutte biologique naturelle, c'est-à-dire la destruction des parasites par leurs ennemis naturels, en pratiquant des assolements corrects et en protégeant tous les animaux utiles.

L'arsenal antiparasitaire du jardinier biologique se limite à quatre types de produits :

1. LES PRÉPARATIONS A BASE DE PLANTES ET DE MINÉRAUX NATURELS.

● *Les préparations à base de plantes* sont nombreuses. Elles sont utilisées surtout dans la méthode biodynamique. Nous ne citerons ici que les plus importantes.

— *le purin d'orties* : il est fabriqué en faisant macérer des orties dans de l'eau pendant 48 heures. Ce n'est, à proprement parler ni un insecticide ni un fongicide [2], mais il stimule les

---

[1] Pour un exposé détaillé de ces mécanismes, se reporter à mon ouvrage : *L'Agriculture biologique.*

[2] Fongicide : produit destiné à détruire les champignons parasites (*fungus*).

mécanismes de défense et la croissance des plantes et ralentit ou arrête la prolifération de certains parasites. Son rôle est principalement préventif.

— *la décoction de prêle* : elle est obtenue en faisant bouillir des prêles dans de l'eau pendant 1 heure (environ 150 grammes de prêles sèches pour 15 litres d'eau). Elle est efficace, dans certaines limites, contre diverses maladies (mildiou, rouille) et insectes (pucerons).

— *l'absinthe et la tanaisie* sont également utilisées en biodymie contre les pucerons et les chenilles.

● *les préparations commerciales à base d'essences de plantes* (aromathérapie). On trouve dans le commerce diverses préparations à base d'essences de plantes. S'agissant de spécialités commerciales, dont la composition exacte n'est pas toujours connue, il nous est difficile, en l'absence d'essais systématiques, de porter un jugement sur leur efficacité. Mais il est certain que l'aromathérapie est une voie d'avenir dans la lutte contre les parasites.

● *Le poudrage avec des minéraux broyés,* utilisant soit les poudres de roches silicieuses (méthode Müller) soit le lithothamme (méthode Lemaire-Boucher). Ils ont une action préventive contre certaines maladies cryptogamiques (1). Il ne faut cependant pas répéter ces poudrages trop souvent.

2. Les insecticides végétaux.

Les seuls insecticides autorisés en agriculture biologique sont la roténone, le quassia et le pyréthre. Ce sont trois insecticides végétaux, extraits de plantes tropicales. La nicotine est interdite, car jugée trop toxique. Tous les insecticides chimiques sont interdits.

L'insecticide le plus couramment utilisé en jardinage est la *roténone,* qui est efficace contre la plupart des insectes pouvant faire des dégâts au potager : puceron, ver du poireau, altise du chou, doryphore, etc. La roténone peut être utilisée

(1) Maladie cryptogamique : maladie liée à l'apparition d'un champignon ou cryptogame.

en poudrage ou en pulvérisation. Les poudrages doivent être effectués de préférence le matin à la rosée.

Bien entendu, les insecticides végétaux n'ont pas la rémanence des insecticides chimiques ; c'est une des raisons pour lesquelles nous tolérons leur emploi. Il faudra donc éventuellement renouveler les traitements après une forte pluie. On ne fera jamais de traitement insecticide préventif : on ne traitera que lorsque l'on aura constaté une invasion importante d'un parasite. Mais il faut traiter aussitôt l'invasion constatée.

3. LES FONGICIDES A BASE DE SOUFRE ET DE CUIVRE.

Les seuls antiparasitaires chimiques tolérés en agriculture biologique sont le soufre et le cuivre (sous forme de sulfate, d'acétate ou de carbonate). Le soufre est utilisé principalement contre l'oïdium, et le cuivre contre le mildiou. Il est rare que l'oïdium fasse des dégâts importants au jardin potager. Il n'en est pas de même pour le mildiou, qui peut compromettre, certaines années, la récolte de pommes de terre ou de tomates. Il vaut mieux, comme pour les insecticides végétaux, ne pas traiter préventivement. Mais il faut être très attentif et traiter aussitôt que la maladie commence à se déclarer. Il existe d'ailleurs d'autres méthodes de lutte contre le mildiou, moins efficaces mais entièrement naturelles (voir la culture des tomates). On n'aura donc recours au traitement à base de cuivre que comme dernier recours. Dans ce cas, on aura soin de laver les tomates avant de les consommer.

4. LES MÉTHODES DE LUTTE BIOLOGIQUE.

La lutte biologique contre un parasite est sa destruction par ses ennemis naturels. En jardinage biologique on fait de la lutte biologique sans le savoir, ou plutôt sans le dire, puisque l'on favorise la multiplication des prédateurs et que l'on respecte au maximum les équilibres naturels. La lutte biologique systématique, qui consiste à apporter un ennemi spécifique de l'insecte que l'on veut détruire, n'a reçu en France, jusqu'à présent, qu'une application commerciale : s'il s'agit de l'utilisation d'une bactérie, le *Bacillus Thuringiensis*, pour lutter contre un certain nombre de chenilles (en particulier la chenille processionnaire du pin). A ma connaissance ce produit a encore été peu essayé contre les diverses chenilles que l'on rencontre au potager, mais il devrait être efficace.

⁙

Dans la pratique : le jardinier qui dispose de peu de temps peut se contenter d'un seul produit, la *roténone*, qui est très polyvalente contre les insectes. Quant aux maladies cryptogamiques il est rare qu'elles fassent des dégâts importants dans les jardins biologiques bien conduits, à l'exception du mildiou sur les tomates lorsque l'été est chaud et humide. Mais tout ce que l'on risque est d'avoir une récolte de tomates moins abondante et écourtée (le mildiou se déclare généralement assez tardivement) ce qui n'est pas catastrophique pour un jardinier amateur.

Les autres maladies cryptogamiques qui peuvent apparaître sont presque toujours la conséquence d'une erreur agronomique, très souvent l'emploi d'un compost insuffisamment décomposé ou d'une matière organique fraîche dans une culture sensible (oignon, poireau, céleri, carotte).

Quelques remèdes anciens.

Nous terminerons en signalant quelques remèdes anciens dont nous n'avons pas personnellement vérifié l'efficacité, mais qui peuvent être essayés :

— le savon noir (contre l'altise, le puceron, les chenilles) ;
— la suie délayée dans de l'eau (contre l'altise) ;
— l'aloès (contre les limaces) ; on pulvérise sur les plantes une solution de 1 g d'aloès par litre d'eau.

RÉSUMÉ DES PRINCIPAUX PARASITES
ET DES MOYENS DE LUTTE

A) Maladies cryptogamiques (causées par des champignons).

Oïdium.

Symptômes et dégâts : feutrage blanc sur les feuilles.
Plantes attaquées : cucurbitacées, carotte, betterave, endive, pissenlit, artichaut, etc.
L'oïdium se développe surtout par temps chaud et sec.
Moyen de lutte : soufre (en poudrage, le matin à la rosée).

Mildiou.

Symptômes et dégâts : taches brunes, auréolées de vert pâle, sur les feuilles, puis dessication des feuilles.
Plantes attaquées : tomate, pomme de terre, céleri et divers autres légumes.
Causes et moyens préventifs : choisir des variétés résistantes. Enrichir le sol en humus. Se développe surtout par temps chaud et humide.
Moyen de lutte : préparations à base de cuivre (par ex. : bouillie bordelaise). A utiliser avec modération. Eviter de pulvériser sur les fruits déjà formés.

Hernie du chou.

Symptômes et dégâts : excroissances blanches sur les racines ; flétrissement du pied.
Causes et moyens préventifs : éviter les sols humides et acides. Apports de lithothamme ou d'amendements calcaires.
Moyen de lutte : pas de moyen de lutte efficace.

B) Insectes.

Pucerons.

Symptômes et dégâts : présence de pucerons sur les feuilles et sur les tiges. Enroulement des feuilles infestées de pucerons.
Plantes attaquées : de très nombreuses plantes, et particulièrement : fève, haricot, artichaut, chou, etc.

Causes et moyens préventifs : favorisé par un déséquilibre de la plante, dû à une mauvaise alimentation et notamment à un excès d'azote. Limiter les apports organiques frais ou insuffisamment décomposés.

Moyens de lutte : poudrage ou pulvérisation à la roténone. Pulvérisation de produits à base d'essences de plantes.

Courtillière. Ver gris. Taupin.

Dégâts : *Courtillière* : gros insecte de 4 à 5 cm de longueur ; s'attaque surtout aux racines. *Ver gris* (larve de la noctuelle) : larve de 2 à 4 cm de long ; s'attaque aux feuilles et au collet. *Taupin* (ver fil de fer) : petite larve de 2 à 2,5 cm. S'attaque surtout au collet et aux racines.

Plantes attaquées : de très nombreuses plantes, et particulièrement : chou, pomme de terre, salade, tomate, etc.

Causes et moyens préventifs : toujours dû à la présence dans le sol de matières organiques fraîches ou insuffisamment décomposées. N'apporter les matières organiques fraîches qu'en surface et à dose modérée. N'incorporer au sol que du compost très décomposé. Détruire les engrais verts assez longtemps à l'avance.

Moyens de lutte : pas de moyen non toxique efficace.

Altise (ou « puce de terre »).

Dégâts : petit insecte sauteur faisant de multiples perforations dans les feuilles.

Plantes attaquées : chou, radis, navet et autres crucifères.

Causes et moyens préventifs : fait des dégâts surtout lorsque les plantes végètent dans les sols pauvres en humus. Se développe principalement pendant les périodes de sécheresse. Eviter de cultiver les crucifères (surtout pour la production du plant, particulièrement sensible) dans un sol pauvre en humus. Arroser régulièrement.

Moyens de lutte : roténone.

Chenilles diverses (nombreuses espèces).

Dégâts : dévorent les feuilles.

Plantes attaquées : chou, navet, salade, et nombreuses autres plantes.

Moyens préventifs : protéger les oiseaux, ennemis naturels des limaces. Lâcher les poules dans le jardin après ameublissement du sol (et après récolte des légumes !).

Moyens de lutte : *Bacillus Thuringiensis* (Bactospeine) ; pulvérisation de savon noir.

Doryphore.

Dégâts : les adultes et surtout les larves dévorent les feuilles.

Plantes attaquées: pomme de terre, parfois tomate et aubergine.

Causes et moyens préventifs : invasion provoquées généralement par un déséquilibre de la plante, régressant rapidement après quelques années de culture biologique.

Moyens de lutte : roténone.

Ver ou teigne du poireau.

Dégâts : chenille rongeant les feuilles puis descendant jusqu'au cœur du poireau.

Plante attaquée : poireau.

Causes et moyens préventifs : comme pour le doryphore.

Moyens de lutte : roténone ; pulvérisation de savon noir.

Autres ennemis :

Limaces.

Dégâts : s'attaquent aux feuilles aux jeunes tiges et aux fruits.

Plantes attaquées : salade, fraisier et diverses autres plantes.

Moyens préventifs : protéger les ennemis naturels des limaces (crapaud, hérisson, blaireau, canard, dindon). Ramasser les limaces.

Moyens de lutte : pas de moyen de lutte non toxique. Moyen de dernier recours (non biologique) : métaldéhyde.

Rongeurs (mulots, campagnols).

Dégâts : creusent des galeries dans le sol ; s'attaquent surtout aux racines.

Plantes attaquées : de très nombreuses plantes.

Moyens préventifs : protéger leurs ennemis naturels : blaireau, belette, fouine, hérisson, rapaces, couleuvres. Certaines plantes sont réputées éloignées les rongeurs (*Frétillaria, Epurge médicinale*).

Moyens de lutte : pièges ; moyen de dernier recours (non biologique) : produits dégageant des gaz asphyxiants, ou produits anticoagulants.

Chapitre X

DU SEMIS A LA RECOLTE

1. Le semis.

La réussite d'une culture dépend pour une large part du semis : il est donc essentiel qu'il soit fait dans les meilleures conditions.

● *La date du semis.*

Elle dépend des exigences climatiques de chaque espèce. L'erreur que commettent la plupart des jardiniers débutants est de vouloir semer trop tôt. Il faut attendre que le sol soit suffisamment réchauffé pour que la germination et la levée soient rapides. Dans le cas contraire, la levée est irrégulière, les jeunes plantes souffrent ; les plantes ne se remettent jamais complètement d'un mauvais départ. Un semis trop précoce provoque également la montée à graines prématurée de certaines plantes (betteraves, bettes, scaroles, chicorées).

● *La profondeur du semis.*

On sème d'autant moins profond que la graine est petite : il suffit de recouvrir les graines de 3 à 4 fois leur épaisseur. On sème un peu plus profond en été et en sol sableux à cause des risques de dessèchement de la couche superficielle.

● *Semis en ligne ou semis à la volée.*

Le semis en ligne est *toujours préférable,* sauf pour les semis sous châssis, certains semis en pépinière et certaines

CARTE CLIMATIQUE

A	avance ...
R	ou retard de la végétation
O	sur le climat parisien

pour l'altitude indiquée

Exemple : pour le département du Jura, 350, R7, signifie qu'à l'altitude de 350 m la végétation retarde de 7 jours sur celle du climat parisien. Le o sous l'altitude indiquée signifie qu'il n'y a pas d'avance ou de retard sur le climat parisien. Pour une altitude plus élevée que celle portée sur la carte, la végétation retarde sur ce chiffre d'un jour environ par 25 m d'élévation.

Ces chiffres donnent des moyennes ; ils n'ont donc rien d'absolu mais peuvent guider utilement pour les semis de printemps.

cultures intercalaires (par exemple engrais vert ou radis semés dans une culture principale).

Le semis en ligne présente de nombreux avantages :
— plus grande régularité,
— économie de semences,
— désherbage et binage beaucoup plus faciles,
— possibilités de couvrir le sol d'une couche de mulch entre les lignes.

● *Semis en pépinière ou semis en place.*

— Certaines cultures sont presque toujours semées en pépinière puis mises en place en pleine terre, avec éventuellement un repiquage intermédiaire (céleri, chou, concombre, courge, laitue, melon, tomate).

— D'autres sont presque toujours semées directement en place (carotte, épinard, fève, haricot, pois, mâche, navet, maïs, radis, salsifis).

— D'autres enfin, peuvent être, soit semées directement en place, soit semées en pépinière puis repiquées en pleine terre (betterave, bette, chicorée sauvage, fenouil, pissenlit, poireau, salade, chicorée frisée).

Pour ces dernières, chaque méthode a ses avantages et ses inconvénients :
— le semis en pépinière suivi de repiquage permet de gagner de la place et d'avoir une répartition plus régulière des plants repiqués : c'est la solution à adopter lorsqu'on dispose d'une surface limitée ;
— le semis en place exige davantage de place, mais il prend moins de temps : c'est la solution pour ceux qui disposent d'une surface suffisante mais de peu de temps.

● *La technique du semis.*

— *Le semis en pépinière, à la volée.*
Le semis proprement dit est toujours fait de la même manière : après avoir ameubli la terre et l'avoir bien émiettée en surface, on répartit les graines aussi régulièrement que possible, en prenant soin de ne pas en mettre trop.

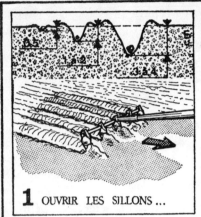

1 OUVRIR LES SILLONS ...

LE SEMIS EN LIGNE:

1. Ouvrir les sillons à l'aide du rayonneur ; sillon profond de :
— 5 mm pour les petites graines : oseille, laitue, carotte, etc.
— 1 à 2 cm pour les graines de betterave, épinard, radis, bette, etc.
— 3 à 4 cm pour les graines de pois, haricot, fève, etc.

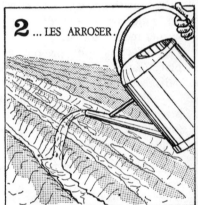

2 ... LES ARROSER .

2. Arroser au goulot le fond du sillon, en ayant soin de ne pas déborder sur les bourrelets de part et d'autre du sillon pour pouvoir recouvrir avec de la terre sèche.

3 SEMER ...

3. Semer à la main ou avec un semoir à main.
Déposer la graine régulièrement (ne pas en prendre trop à la fois dans la main) et ne pas semer trop dru.

4 COMBLER LE SILLON

4. Combler le sillon avec du terreau ou avec la terre du sillon. On peut aussi mettre un peu de terreau (ou de compost bien décomposé) sur les graines et compléter avec la terre.

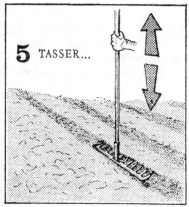

5 TASSER...

5. Tasser légèrement le sillon avec le plat du rateau. On peut également tasser avec la batte mais le rateau a l'avantage de tasser uniquement sur la ligne.

6. Recouvrir d'une fine couche de mulch de 0,5 à 1 cm. juste de quoi couvrir le sol (a), afin de ne pas gêner le développement des jeunes pousses (de préférence de l'herbe finement coupée). En temps sec on peut également déposer un ruban de tourbe sur chaque ligne semée (b).

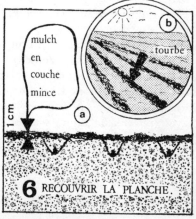

mulch en couche mince

1 cm

tourbe

6 RECOUVRIR LA PLANCHE

Pour recouvrir les graines, on peut opérer de plusieurs manières :

1re méthode : le semis est légèrement enterré au rateau, puis plombé et arrosé ;

2e méthode : on opère comme précédemment, et on complète par un apport de tourbe pour empêcher la formation d'une croûte et le dessèchement en surface. On peut remplacer la tourbe par une fine couche de paille hachée. Cette méthode est particulièrement intéressante pour le semis d'été, surtout si on ne peut pas arroser tous les jours.

3e méthode : le semis n'est pas enterré mais recouvert d'une fine couche de terreau (ou de compost *très décomposé*) ; quelques millimètres suffisent pour les petites graines. Le terreau ou le compost est tamisé directement au-dessus de la surface à recouvrir, ce qui assure un apport uniforme.

Toutes les graines se trouvent ainsi exactement à la profondeur voulue et sont dans les meilleures conditions pour germer. Cette méthode, qui prend un peu plus de temps que les précédentes, est recommandée surtout pour les graines à germination délicate ou capricieuse (céleri, pissenlit, tomate, aubergine, piment).

— *Le semis en ligne.*

Pour le petit jardin familial, la meilleure technique est la suivante :

— ouvrir un sillon d'autant moins profond que la graine est plus petite ;

— arroser le fond du sillon, en évitant de déborder ;

— semer (pas trop dense !) ;

— refermer le sillon soit avec la terre du sillon, soit avec du terreau (l'apport du terreau est inutile si votre terre est suffisamment riche en humus). Ne pas arroser à nouveau après avoir refermé le sillon, mais se contenter de tasser légèrement le sol avec le plat du rateau ;

— en été, épandre une petite couche de tourbe (1 cm d'épaisseur) sur chaque sillon, après l'avoir refermé, pour marquer son emplacement et protéger les graines contre le dessèchement. Cette précaution est utile surtout pour les graines à germination lente ou capricieuse (carotte, salsifis, persil, etc.).

— *L'arrosage des semis.*

Les jardiniers ayant une grande surface et utilisant un semoir à bras — ce qui permet un gain de temps considérable — ne peuvent pas arroser le semis avant de le refermer, puisque le semoir referme le sillon aussitôt après y avoir déposé les graines. Dans ce cas il faut arroser une fois le semis terminé.

Mais dans bien des cas il est préférable de ne pas arroser du tout et d'attendre la pluie, surtout si l'on n'est pas sûr de pouvoir continuer à arroser très régulièrement par la suite : si l'on commence à arroser, il faut continuer ensuite de manière très régulière. Il suffit en effet qu'une graine en germination manque d'eau pendant un ou deux jours pour que la levée soit compromise.

Si l'on attend la pluie, les risques sont finalement beaucoup moins grands, à condition de ne pas semer au début d'une période de sécheresse. Les graines attendent en effet la pluie pour germer et le sol emmagasine, sauf exception, suffisamment d'eau pour attendre la prochaine pluie. Cela est vrai en tous cas des semis de printemps dans la majeure partie de la France. Bien entendu, en climat méditerranéen, il peut être nécessaire d'arroser.

— *Le choix des graines.*

Le choix des graines est un problème difficile pour les jardiniers biologiques : on trouve encore très difficilement, dans le commerce, des graines biologiques et, parmi les graines non biologiques, on trouve de moins en moins de graines non traitées.

Il est donc urgent de mettre sur pied une production de graines potagères biologiques (1). En attendant, les jardiniers amateurs peuvent produire eux-mêmes une bonne partie des graines dont ils ont besoin.

(1) Les mouvements d'agriculture biologique, et particulièrement *Nature et Progrès,* s'en préoccupent et nous espérons que ce sera chose faite sous peu.

LE REPIQUAGE

ARRACHAGE ET PRÉPARATION DU PLANT.

Arracher le plant (1) : le plant est soulevé avec la bêche à dents puis arraché délicatement à la main afin de ne pas le détériorer. *Habiller le plant* (2a) : on coupe le bout des racines et une partie des feuilles. Cette opération (2b) s'effectue à l'aide d'un outil tranchant (par ex. : salade : on coupe 1/3 des feuilles et le bout de la racine pivotante, on rafraîchit éventuellement les radicelles trop longues. Poireau : on garde 2 cm de racines et 5 cm de vert ; oignon blanc : on garde 1 cm de racines et on coupe le haut des feuilles ; Céleri à côtes : on coupe les côtes à mi-hauteur ainsi que le bout des racines). *Praliner le plant* (3) : on trempe les racines dans une boue à base de compost.

MISE EN PLACE DU PLANT.

Ouverture du trou au plantoir (4). (Le plantoir en bois, avec embout cuivre est à mon avis le meilleur). *Mettre le plant en place* (5) en ayant soin de ne pas retourner les racines vers le haut. *Borner le plant* (6) en introduisant le plantoir à côté du trou et en serrant la terre plus ou moins fortement, selon la nature du plant. *Arroser au goulot* à côté du plant (7).

COMMENT REPIQUER LES PRINCIPAUX LÉGUMES ? (8) Le chou se repique profondément ; borner énergiquement. Pour la salade, on n'enterrera que les racines et la base du collet (si on enterre trop les salades, elles poussent mal) ; borner énergiquement. Le poireau s'enterre profondément (d'autant plus que l'on veut avoir plus de blanc) ; borner très légèrement (l'eau d'arrosage aidera à ramener la terre contre la tige et les racines). Le céleri à côtes s'enterre de 2 cm au-dessus du collet. Le plant d'oignon blanc s'enterre de 3 cm environ ; borner fermement. La tomate est plantée en cuvette (pour arrosage) ; on l'enterre de 5 cm ou plus selon la hauteur du jeune plant.

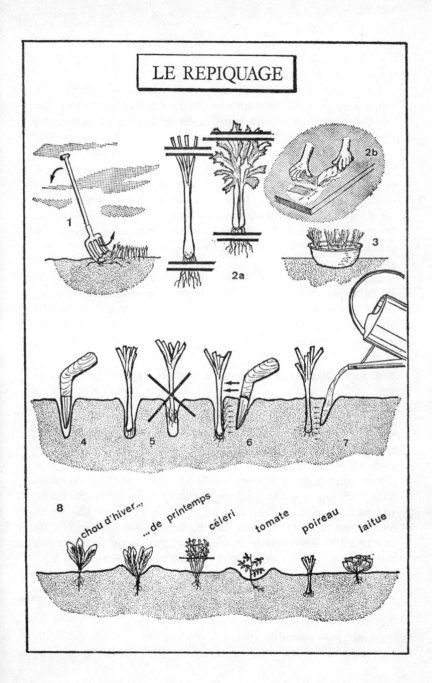

LE REPIQUAGE

— La densité du semis.

La plupart des jardiniers débutants commettent l'erreur de semer trop dru, de peur qu'une partie des graines ne lève pas. « Qui sème dru récolte menu », dit le dicton. Un semis trop dense a de multiples inconvénients :

— dans les semis en pépinière, on obtient des plants étiolés et affaiblis qui reprennent mal, qui sont plus sensibles au parasitisme et qui auront tendance à monter ;

— dans les semis en ligne, un semis trop dense oblige à un dépressage très important, opération longue et fastidieuse. De plus, lorsque le dépressage est fait trop tardivement, les plantes qui restent en souffrent. Enfin, on gaspille beaucoup de graines.

Lorsque le semis est fait dans de bonnes conditions, dans un sol bien préparé, la levée est toujours très régulière et il est inutile de semer dense. Lorsqu'on sème à la main, la densité optimale pour chaque espèce est un tour de main que l'on acquiert rapidement.

2. Repiquage et mise en place des plants.

Les puristes appellent « repiquage » le fait de transplanter provisoirement des plants en pépinières, et « mise en place » la plantation définitive. Mais dans la pratique on désigne par repiquage toute mise en place des plants, qu'elle soit provisoire ou définitive.

Les repiquages se pratiquent de la même manière en jardinage biologique qu'en jardinage classique. La seule particularité est le *pralinage* des racines : avant de repiquer les plants, on trempe les racines dans une boue faite de terreau (ou de compost très décomposé) et d'eau, à laquelle on ajoute généralement un fertilisant minéral naturel (de préférence à base de roches siliceuses).

Rappelons les règles essentielles du repiquage :

— ne repiquer que des plants vigoureux, trapus, non étiolés ;

— ne pas attendre que les plants soient trop gros : ils reprendraient difficilement ;

— arracher les plants délicatement — en les soulevant à l'aide d'une bêche ou d'un déplantoir, et en laissant le maximum de terre et de chevelu autour des racines ;

— arracher les plants et les repiquer le soir, de préférence hors des périodes de sécheresse ;

— l'habillage des plants consiste à couper l'extrémité des feuilles et des racines ; on le pratique surtout pour les salades et les poireaux ;

— planter bien verticalement, en évitant de recourber les racines vers le haut ;

— arroser les plants immédiatement après repiquage, au goulot, mais sans les noyer ;

— Certains légumes doivent être plantés profondément : chou, tomate, poireau ; d'autres ne doivent être enterrés que jusqu'au collet : laitue, scarole, chicorée frisée, fraisier ;

— la plupart des plants doivent être énergiquement « bornés », c'est-à-dire que l'on doit bien serrer la terre autour des racines, à l'aide du plantoir. Quelques légumes, comme le poireau, préfèrent n'être bornés que légèrement ;

— ne jamais repiquer dans un sol détrempé.

Pour faciliter le travail du repiquage :

— marquer les lignes à l'aide du rayonneur ;

— trier, habiller et praliner les plants avant de commencer à planter, et non au fur et à mesure.

3. BINAGE ET LUTTE CONTRE LES MAUVAISES HERBES.

Le binage a pour but d'ameublir le sol en surface tandis que la fonction du *sarclage* est la destruction des mauvaises herbes ; en fait les deux opérations ne font généralement qu'une.

La manière biologique de lutter contre les mauvaises herbes est sensiblement différente de la manière classique :

— Le sol étant presque toujours couvert, soit par une couche de mulch, soit par un engrais vert, soit par la culture elle-même, les binages et les sarclages sont beaucoup moins nombreux.

— A l'inverse de la plupart des jardiniers et des agri-

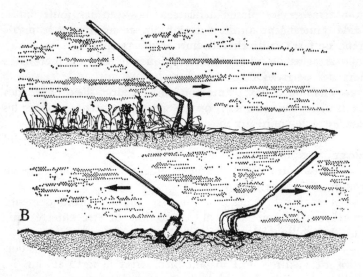

A. Sarclage au sarcloir.
B. Binage à la binette ou à la griffe.

culteurs modernes, le jardinier biologique n'a pas la phobie des mauvaises herbes. Combien de jardiniers ne peuvent voir une mauvaise herbe dans leur jardin sans se précipiter pour l'arracher et la jeter au loin, voire la brûler !

Pour le jardinier biologique, les mauvaises herbes sont plutôt des alliées. Ce sont, comme le dit Jean-Marie Roger, *les bonnes herbes des mauvais sols.* Une de leurs fonctions essentielles est d'améliorer les sols ; elles nous fournissent également et gratuitement de la matière organique et de l'humus. Bien sûr, il ne s'agit pas de se laisser envahir par elles, car elles ne demandent qu'à prendre le dessus : il faut les combattre, mais avec intelligence et mesure.

Voici quelques principes de base à respecter :

● *Préparer le sol à l'avance.*

Il faut éviter d'ensemencer immédiatement après avoir travaillé la terre car, en même temps que les semences, germeront toutes les graines des mauvaises herbes que le travail du sol aura ramené à proximité de la surface du sol. Il y a donc intérêt, pour les cultures facilement envahies par les mauvaises herbes, à attendre au moins une dizaine de jours avant de semer ; les graines de mauvaises herbes auront le temps de germer et on pourra détruire, d'un coup de rateau, juste avant le semis, ces graines en germination et les petites plantes qui auront commencé à pousser.

Ce principe est particulièrement important pour les cultures dont la germination et le départ en végétation sont lents, comme la carotte ou la mâche.

● *Semer en terre propre et sarcler précocement.*

Pour limiter le développement des mauvaises herbes et faciliter leur destruction il faut :

— semer en terre propre ;

— semer en ligne, même les cultures qui sont habituellement semées à la volée (par exemple la mâche) ;

— pour les carottes, surtout si la terre n'est pas très propre, mélanger à la graine de carottes des graines de laitue ou de radis ; elles permettent de voir les rangs et d'effectuer un premier sarclage avant la levée complète des carottes ;

— éviter de rouler entre les lignes semées ;

— faire un premier sarclage précoce, dès que les premières herbes apparaissent : cela économise beaucoup de travail par la suite.

● *Pratiquer le mulching.*

Le mulching permet de limiter considérablement le développement des mauvaises herbes. Rappelons qu'il consiste à couvrir le sol d'une couche de matière végétale : paille, déchets de récolte. herbe, etc. Nous avons déjà parlé de l'importance de cette couverture du sol, non seulement pour la lutte contre les mauvaises herbes, mais aussi et surtout pour protéger le sol et nourrir ses microorganismes.

● *Désherber intelligemment.*

Pour désherber efficacement, il faut, dans la mesure du possible :

1° Ne pas attendre, bien entendu, que l'herbe soit à graine ;

2° Si les herbes ne sont pas à graine, les couper ou les arracher et les laisser sur le sol, entre les lignes semées : elles contribueront ainsi à couvrir et à nourrir le sol ; de nombreuses mauvaises herbes ont en effet un rôle rééquilibrant qu'elles ne peuvent plus jouer si on les retire. Surtout ne jamais les brûler : c'est un gaspillage d'humus. Si on doit les retirer, ce qui est nécessaire lorsqu'on a un terrain très sale que l'on veut ensemencer rapidement, on les met sur le compost.

3° Eviter de sarcler juste avant une pluie car une certaine proportion des herbes arrachées se réenracinerait.

4° Utiliser des outils efficaces et adaptés à la superficie du jardin :

— pour le petit jardin familial, le meilleur outil est le sarcloir, avec lame fixe ou lame oscillante ;

— pour les grands jardins (plus de 500 m²) utiliser, en plus de l'outil précédent, la houe à bras des maraîchers, sur laquelle on peut adapter divers outils : rasettes, socs piocheurs, buttoirs. C'est un investissement hautement rentable car il économise beaucoup de travail (voir p. 39).

4. LA COUVERTURE DU SOL.

Nous avons déjà parlé de la nécessité de couvrir le sol et des divers moyens d'y parvenir. Pour couvrir le sol entre le semis et le moment où la culture occupe toute la place, on procédera ainsi :

— le plus tôt possible après le semis (dès que les plantes sortent de terre ou dès le semis si l'on a marqué les lignes semées avec de la tourbe) on épandra entre les lignes une fine couche de mulch (1) ;

— le premier apport de mulch après un semis sera très peu épais, juste de quoi recouvrir le sol ;

— le meilleur matériau pour réaliser ce mulching est de

---

(1) Pour les semis d'été, lorsque le sol est bien réchauffé, on peut faire un léger apport de mulch sur toute la surface de la planche.

l'herbe fraîchement coupée et finement hachée (gazon, herbe de prairie, engrais vert, etc.) ;

— l'apport de mulch sera renouvelé lorsque le sol ne sera plus suffisamment couvert : l'herbe apportée se décompose très rapidement, surtout en été, et la couche de mulch doit être renouvelée au bout de 2 à 3 semaines. Le second apport sera un peu plus abondant que le précédent et suffira généralement pour couvrir le sol jusqu'à ce que les plantes cultivées soient assez développées pour prendre le relais.

Un sarclage avant chaque apport de mulch sera en général suffisant. Si quelques herbes passent à travers le mulch et prennent un trop grand développement, on les arrachera à la main et on les laissera sur place.

5. LA LUTTE CONTRE LA SÉCHERESSE.

Le premier moyen qui vient à l'esprit est l'arrosage ; mais tout d'abord il faut avoir de l'eau, ensuite cela coûte cher (en argent et surtout en temps) ; enfin un arrosage mal fait peut être plus nuisible qu'utile.

● *Emmagasiner et ne pas laisser évaporer l'eau apportée par les pluies.*

L'humus est le réservoir d'eau idéal.

1 kg de sable peut emmaganiser 250 gr d'eau,
1 kg d'argile peut emmagasiner 1 000 gr d'eau,
1 kg d'humus peut emmagasiner 2 000 gr d'eau.

Il faut donc, par la fumure organique et des engrais verts, augmenter la teneur en humus.

Dans un sol riche en humus les pertes d'eau par ruissellement et par infiltration sont réduites au minimum.

Pour limiter l'évaporation, il est essentiel que le sol reste meuble en surface (« un binage vaut deux arrosages » dit le dicton) et qu'il soit protégé des rayons du soleil par une couche de mulch si la plante cultivée ne couvre pas entièrement le sol ;

● *Les difficultés de l'arrosage.*

L'excès d'eau est aussi nuisible aux plantes que son insuffisance, et c'est la porte ouverte à toutes les maladies. Rappelons les principales règles à respecter en matière d'arrosage :

— utiliser de préférence de *l'eau de pluie* ; à défaut, laisser séjourner l'eau un certain temps dans des bacs exposés au soleil pour qu'elle se réchauffe et se vivifie sous l'action du rayonnement solaire. L'eau du robinet, fréquemment chlorée ou javellisée, risque d'avoir une action nettement défavorable sur la vie microbienne ; cette action est sensiblement atténuée si on l'expose au soleil ;

— ne jamais arroser en pleine chaleur, mais seulement le matin ou, encore mieux, le soir ;

— pour les plantes ayant déjà un certain développement, faire des arrosages abondants et assez espacés, plutôt que des arrosages quotidiens très légers qui ne mouillent la terre que sur deux ou trois centimètres ;

— pour les semis, au contraire, faire des arrosages fréquents et légers.

En aucun cas le sol ne doit être saturé d'eau, car les plantes risquent d'être asphyxiées.

— pour les plantes sensibles aux maladies cryptogamiques (en particulier la tomate), arroser au pied de chaque plant.

Insistons sur le fait qu'il ne faut pas avoir la manie de l'arrosage, pas plus que celle du désherbage. Dans un sol riche en humus et couvert d'une couche de mulch, les plantes peuvent supporter de longues périodes de sécheresse sans en souffrir.

On peut parfaitement faire du jardinage biologique même si on ne dispose d'aucun moyen d'arrosage. Il suffit de tenir compte du temps pour le semis et le repiquage. Certes, il y a quelques aléas, et certaines plantes risquent de souffrir par grande sécheresse, mais l'ensemble des récoltes ne sera guère affecté si l'on pratique le jardinage biologique avec art et intelligence.

6. LA RÉCOLTE.

Tout le monde sait récolter des légumes, mais il est bon de rappeler quelques règles :

— La valeur nutritive des légumes dépend de leur stade de maturité. Certains légumes, comme les tomates, doivent être cueillis à maturité. D'autres peuvent être cueillis avant, mais il faut savoir, par exemple, qu'une carotte arrachée avant maturité a une teneur en carotène (provitamine A) inférieure à celle d'une carotte cueillie à maturité (1).

— Il faut consommer les légumes dès que possible après les avoir cueillis. Cela est vrai surtout pour les légumes-feuilles. Les salades perdent rapidement une partie de leurs vitamines une fois cueillies.

Si on ne peut pas consommer les légumes immédiatement après leur cueillette — c'est le cas pour certains citadins qui ont leur jardin en banlieue — il faudra cueillir les légumes-feuilles de préférence le matin ou à défaut le soir, mais jamais en pleine chaleur.

*
* *

On entend dire parfois que l'agriculture et le jardinage biologique donnent des rendements médiocres et des légumes rachitiques. Il va de soi que rien n'est plus faux. Tous ceux qui savent jardiner biologiquement ont des légumes magnifiques et des rendements *supérieurs* à ceux de leurs voisins utilisateurs d'engrais et de produits antiparasitaires chimiques.

(1) Lire à ce sujet « *Nutritional values of crops and foods* » de Schuphan.

Chapitre XI

COUCHES ET CHASSIS

La possession de quelques coffres recouverts de châssis est indispensable au jardinier qui veut avoir des légumes précoces. La technique est sensiblement la même en culture biologique qu'en culture classique. Nous nous bornerons à la décrire brièvement.

1. LE MATÉRIEL NÉCESSAIRE.

Il se compose de *coffres,* de *châssis* et de *paillassons.*

● *Les coffres* sont des cadres en bois constitués de 4 planches. Ils servent à supporter les châssis. La planche de devant a environ 22-25 cm de haut et celle de derrière environ 30 cm ; les deux planches latérales ont 1 m 30 de longueur et relient entre elles la planche avant et la planche arrière. Les coffres sont orientés face au sud.

● *Les châssis* sont des cadres vitrés, métalliques ou en bois ; ils sont posés sur les coffres. Leur dimension habituelle est 1 m × 1 m 30 mais on peut en fabriquer aux dimensions des coffres dont on dispose. Les châssis en bois, munis de rainures pour y glisser des verres sont plus légers et plus commodes que les châssis métalliques sur lesquels les verres doivent être fixés avec du mastic. (Sur la planche dessinée, on a deux châssis métalliques de 130 × 130 sur un coffre de 130 × 260.)

● *Les paillassons* servent à couvrir les châssis par grand froid.

2. LA CONFECTION DES COUCHES CHAUDES.

Les couches sont des plates-formes faites de fumier de cheval mélangé à divers débris végétaux destinées à fournir, par fermentation, la chaleur nécessaire aux cultures sous châssis. Les couches sont destinées à recevoir les coffres ; elles doivent dépasser les côtés du coffre de 30 à 40 cm de chaque côté. Autrement dit, pour un coffre de 1 m 30 × 3 m destiné à recevoir 3 châssis de 1 m × 1 m 30, on montera une couche de 2 m × 3 m 70.

Le matériau de base, pour la confection des couches, est le fumier de cheval frais ; on le mélange avec une proportion variable d'éléments végétaux (paille, feuilles, herbes, foin détérioré, etc.) et éventuellement de fumiers d'autres animaux (vaches, mouton). Pour monter une couche chaude on mélange intimement le fumier de cheval et les autres éléments dont on dispose et on les entasse jusqu'à ce que l'on obtienne une couche d'une épaisseur uniforme de 40 à 60 cm. La couche doit être bien tassée et humide, sans être pour autant détrempée, car elle ne chaufferait plus. La détermination du bon dosage entre les divers éléments qui constituent la couche : fumier de cheval, éléments végétaux, eau, etc., est surtout une affaire de coup de main que l'on acquiert avec l'habitude. Plus on veut que la couche dégage de chaleur et plus la proportion de fumier de cheval doit être forte.

Si on n'a pas beaucoup de fumier, on pourra, plutôt que de monter la couche à même le sol, creuser une fosse de 40 cm de profondeur, ayant la largeur et la longueur des coffres dont on dispose. La couche sera confectionnée dans cette fosse, ce qui limitera la déperdition de chaleur et les quantités de fumier nécessaires.

Les couches doivent être d'autant plus épaisses qu'elles sont faites plus tôt dans l'hiver : les premières couches, montées en janvier et destinées à recevoir les semis de fin janvier et de février, doivent avoir 50 à 60 cm d'épaisseur. Pour les couches montées après le 15 février, une épaisseur de 40 cm est suffisante.

Si on ne dispose pas de fumier de cheval, on peut le rem-

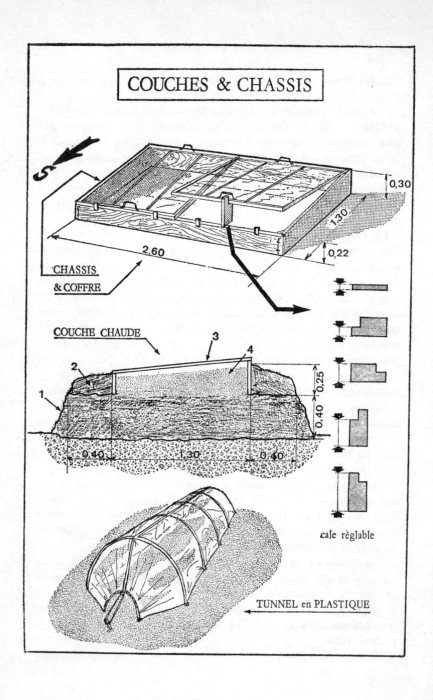

COUCHES & CHASSIS

0,30

1,30

0,22

2,60

CHASSIS
& COFFRE

COUCHE CHAUDE

3

4

2

1

0,25

0,40

0,40

1,30

0,60

cale réglable

TUNNEL en PLASTIQUE

placer par du fumier de mouton, éventuellement mélangé à du fumier de vaches. On peut même faire des couches chaudes sans fumier, en mélangeant une matière végétale fermentant facilement, par exemple des herbes sèches ou du vieux foin, avec un engrais organique d'origine animale (guano, poudre de sang, poudre de viande) ou avec du fumier de poules.

Lorsque la couche est montée, on pose dessus un coffre dans lequel on met une couche de terreau de 20 cm, puis on place les châssis et les paillassons. (Voir le dessin : « couche chaude. » 1) couche ; 2) réchauds ; 3) châssis ; 4) terreau.) La fermentation démarre alors rapidement et la température de la couche atteint au bout d'une dizaine de jours 60° à 70° : c'est ce que l'on appelle « le coup de feu ». Ensuite la température redescend progressivement. On attendra, pour semer ou planter, que le coup de feu soit passé et que la température dans le coffre soit redescendue aux environs de 25°.

Les réchauds.

Pour éviter le refroidissement des couches, on garnit de fumier de cheval les côtés des coffres : c'est ce que l'on appelle les réchauds. Ils peuvent être renouvelés périodiquement si on constate que la température baisse dans les couches.

3. L'UTILISATION DES COUCHES ET DES CHASSIS.

Nous donnons, pour chaque légume, les conditions de plantations sur couche, mais les règles générales suivantes sont valables dans tous les cas :

— Il faut surveiller régulièrement la température des couches, à l'aide d'un thermomètre enfoncé dans le terreau. La température doit se maintenir entre 20° et 25°. Si elle est trop élevée, on ouvrira légèrement les châssis pendant la journée.

Si la température est trop basse, on renouvellera les réchauds et on veillera à bien mettre les paillassons le soir.

— Il faut aérer les couches dès qu'il y a un rayon de soleil (à moins d'un froid exceptionnel) : les plantes sous châssis souffrent plus souvent d'un excès de chaleur et d'humidité, surtout au début du printemps, que du froid.

— Il faut retirer les paillassons de bonne heure le matin, surtout s'il y a du soleil, pour éviter l'étiolement des plantes.

Chapitre XII

LA CONSERVATION DES LEGUMES

Toutes les méthodes traditionnelles de conservation des légumes peuvent être utilisées en jardinage biologique. Nous mentionnerons ici les plus intéressantes pour le jardinier amateur.

1. La conservation en place, en pleine terre.
Certains légumes sont suffisamment résistants au froid pour pouvoir être laissés en place tout l'hiver. Ce sont :
— *parmi les légumes-feuilles :* la mâche, les choux d'hiver, les poireaux (à condition de choisir des variétés résistantes au froid), le pissenlit, les épinards, les chicorées sauvages, les laitues d'hiver.
— *parmi les légumes-racines :*
● légumes pouvant résister sans protection contre le gel : salsifis et scorsonères, panais, rutabagas, topinambours.
● légumes nécessitant une protection : carottes, navets. La protection est assurée par une couche de paille ou de feuilles mortes. Il faut couper les feuilles des légumes avant d'épandre la couche protectrice. Cette méthode est à rejeter dans les sols lourds se ressuyant mal, en raison des risques de pourriture.

2. La conservation en jauge.
Cette méthode employée pour les légumes-feuilles, et surtout pour les salades, consiste à arracher les légumes avec leur motte de terre, avant les gelées, et à les mettre dans un endroit abrité du gel. La conservation en jauge est particulièrement intéressante pour les chicorées frisées, les scaroles d'automne et les choux rouges, qu'elle permet de prolonger jusqu'en décembre ou même janvier. La mise en jauge peut se faire :

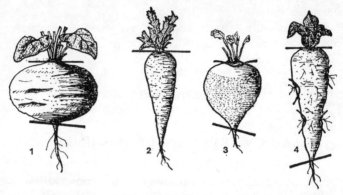

1   2   3   4

PRÉPARATION DES LÉGUMES-RACINES POUR LA CONSERVATION. —
Avant la mise en silo ou en cave, on pratique le décolletage qui
consiste à trancher la racine au ras du collet de façon à ôter toutes
les feuilles. Eventuellement on coupe le bout de la racine. 1 et 4
betterave ; 2 carotte ; 3 navet (le navet doit être décolleté à
fond, aucun départ de feuille ne doit subsister).

— soit dans une tranchée de 40 à 50 cm de profondeur au
fond de laquelle on range les salades côte à côte sans trop
les serrer ; la tranchée est protégée du froid par des paillassons
ou des branchages recouverts de paille (figure 1) ;

— soit dans des tranchées de 0,20 m de profondeur sur
0,20 m de largeur environ, orientées est-ouest. Placer les
pommes des choux vers le nord ; recouvrir les tiges avec la terre
de la tranchée. Couvrir de paille, fougères, etc. (figure 2) ;

— soit sous châssis : les salades sont placées comme précédemment dans un coffre libre et les châssis sont recouverts de
paillassons lorsqu'il y a risque de gel.

3. LA CONSERVATION EN SILO.

C'est la méthode classique de conservation de la plupart
des légumes-racines (carottes, betteraves rouges, navets, panais,
radis noir, céleri-rave). Le silo sera établi soit à demi-enterré,
si le sol est sain et bien drainé, soit en surface si le sol est trop
humide (voir p. 116, fig. 3 et 4, deux types de silos).

Les silos sont généralement construits en longueur, leur
longueur étant déterminée par la quantité de légumes à ensiler.
On mélange dans le même silo tous les légumes à ensiler, de

manière à n'avoir qu'un silo à ouvrir. Le silo sera établi de préférence dans un endroit abrité et pas trop éloigné de la maison. Dans un silo bien fait la conservation est toujours excellente.

Noter que tout silo qui a été ouvert pour approvisionnement doit aussitôt être refermé. Le vide ou la partie ouverte est comblé ou refermé avec de la paille recouverte de terre.

4. LA CONSERVATION EN CAVE.

Les possibilités de conservation en cave dépendent de la qualité de la cave ; les caves de la plupart des maisons modernes sont impropres à la conservation prolongée des légumes, surtout lorsqu'elles abritent la chaudière du chauffage central ! Par contre une bonne cave creusée dans le sol est un lieu idéal pour conserver de nombreux légumes.

La cave est surtout indiquée pour :

— la conservation des pommes de terre pendant tout l'hiver ;

— la conservation de certains légumes-feuilles pendant un temps limité : scaroles, chicorées frisées, bettes, choux rouges, céleris branches, cardons ; rentrés en cave avec leur motte, ils peuvent se conserver plusieurs semaines. Les légumes-racines peuvent également se conserver tels quels pendant

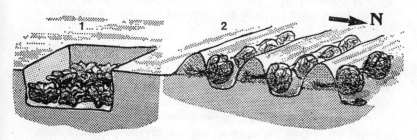

Fig. 1 : Jauges à salades. Ces jauges auront la longueur nécessitée par le nombre de salades à protéger. Leur largeur sera telle qu'elle permette de poser en travers des branchages ou autres supports qui recevront la paille.

Fig. 2 : Tranchées pour choux pommés. Leur confection ne pose pas de problèmes. La couverture (paille, fougères, etc.) sera plus ou moins épaisse selon la rigueur de l'hiver.

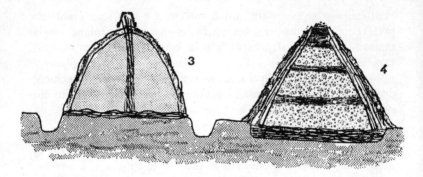

Les silos. — Sur le sol humide, surélever plus ou moins le fond ou entourer de tranchées de drainage (figure 3). Le fond du silo est constitué de paille, de roseaux, etc. Lorsque le tas est monté, on le garnit d'une couche de paille qu'on recouvre de terre. Un petit fagot de branchage serrés peut être placé verticalement au centre au début de la construction, ou bien chaque mètre environ dans le cas de silos très allongés.

Sur un sol sain, le même type de silo peut être enterré plus ou moins profondément.

Un autre type de silo (figure 4) peut être utilisé pour les racines qui ont tendance à se rider (par ex. : topinambour). Il peut aussi servir à la conservation d'autres racines. La base est garnie de fagots. On pose sur cette couche de fagots 30 cm de tubercules et on recouvre de 5 cm de terre franche, et ainsi de suite. Les racines sont placées sur le fond en laissant 15 à 20 cm du bord libre, car c'est sur ce rebord et en contact avec les fagots du fond que seront mis, de place en place, contre le tas, de petits fagots de bois qui assureront l'aération. L'ensemble est recouvert de terre.

quelques semaines dans une bonne cave (1). Si on veut prolonger la conservation, on disposera les racines en lits alternant avec des couches de sables sec très fin. On coupera les racines au collet pour empêcher leur végétation.

5. LA CONSERVATION EN GRENIER (ou dans tout endroit sec à l'abri du gel). C'est le mode de conservation qui convient :

— aux légumes bulbeux : ail, échalotte, oignons ;

— aux courges et aux potirons ;

— aux légumes secs ;

— aux plantes aromatiques.

(1) Si on dispose d'une cave exceptionnellement fraîche, on pourra y conserver les légumes-racines pendant tout l'hiver.

RÉCAPITULATION

Artichaut : Les têtes d'artichaut peuvent se conserver fraîches un certain temps. Les détacher avec le plus long pétiole possible et enfoncer celui-ci dans la terre fraîche à l'abri des grands froids, la tête seule dépassant (dans un local éclairé, hors gel et à température constante).

Ail : en bottes pendues au grenier ou dans toute pièce non chauffée. Supporte des gelées de —10° à —12°.

Bette : en place, sous couverture de paille, ou en les buttant fortement, comme pour les pieds d'artichauts, en recouvrant éventuellement de paille (voir ce légume, au début de la deuxième partie).

Betterave rouge : décolleter totalement et couper le bout de la racine. En silo. En cave dans du sable fin et sec, par couches alternées sable-racines. Plus simplement on monte un tas dans un coin de cave fraîche, et on recouvre de sable sec ou de terre fine.

Carotte : décolleter, mettre en silo ou en cave (sable sec ou terre fine, comme pour les betteraves).

Céleri-rave : en silo ou en cave.

Céleri à côtes : arrachés avec leur motte (les côtes étant liées) se conservent quelques semaines en cave où on peut les recouvrir de sable aux deux tiers.

En silo (pour conservation prolongée) : à l'approche des froids, on arrache les céleris que l'on met en silo comme suit. On construit une petite butte de terre circulaire et plate sur laquelle on met une couche de paille sèche ou de feuilles. Les céleris sont disposés à plat, circulairement, les feuilles dépassant la butte d'une largeur de main. Une autre couche de paille est disposée, puis une dizaine de centimètres de terre, puis un nouveau lit de céleris, etc. En cas de fortes gelées on recouvre le tout de paille.

Chicorée frisée et scarole : en jauge.

Chou pommé : en jauge ; en terre pour les variétés les plus résistantes ; les choux-rouges sont récoltés avant les grands froids.

Courge et potiron : ne rentrer que des fruits mûrs dans un local sec, à l'abri du gel ; les poser sur un lit de paille sèche ou sur planches, pédoncule vers le sol, ou les poser sur une face latérale.

Echalotte : au grenier, ou en pièce sèche et fraîche.

Laitue et romaine d'hiver : en place ; en cas d'hiver rigoureux, recouvrir avec des paillassons que l'on soulève dès radoucissement. En jauge.

Navet : décolleter totalement ; en silo ou en cave (comme pour la betterave).

Oignon de couleur : au grenier ou en local sec non chauffé.

Panais : comme les carottes (éventuellement on peut les laisser en terre tout l'hiver).

Pomme de terre : en tas, au sec dans une cave ou un local très peu éclairé, à température constante mais plutôt basse. L'air humide et chaud favorise leur fermentation et la germination. Le tas doit être peu élevé (0,50 m environ) et disposé sur des planches surélevées si le sol est un peu humide. Si le tas est important, pour éviter l'échauffement, on intercale dans le milieu de la paille sèche ou des branchages. On peut également conserver dans de petites caisses en bois. En cas de risque de gel, on recouvre de paille. Il est prudent de visiter ces réserves régulièrement pour retirer les tubercules abîmés et aérer le tas si nécessaire. En silo dont la paille sera recouverte d'une importante couche de terre (30 cm environ) dans les régions où il gèle fortement.

Radis noir : fin novembre on les arrache et on coupe les feuilles au collet. En cave, ou dans tout autre local abrité, dans du sable sec. En silo.

Salsifis et scorsonère : en place, en protégeant des gelées avec de la paille. En cave, dans du sable sec.

Topinambour : en silo. Le topinambour a tendance à se rider rapidement ; toutefois, en laissant les tubercules attachés à leur tige, et sans les débarrasser de la terre qui adhère, on peu les conserver un certain temps en silo du type n° 4, c'est-à-dire en alternant chaque couche avec de la terre. Peut également se conserver en place.

Chapitre XIII

REPONSES A QUELQUES QUESTIONS

1. Influence de la lune.

Faut-il tenir compte de la lune et, si on en tient compte, quelles sont les règles à observer ?

Les opinions sont très contradictoires. Celle des chercheurs officiels est unanime : la croyance à l'influence de la lune n'est que pure superstition. Nous sommes, au contraire, convaincus que la lune a une influence importante sur la croissance des plantes et qu'il faut en tenir compte. De nombreuses expériences, venant à l'appui des observations ancestrales, le confirment.

La difficulté réside dans l'insuffisance des études effectuées sur ce sujet. Nous disposons de trois sources principales d'information :

— les indications données par la méthode biodynamique, qui publie un calendrier des différentes façons culturales en fonction, non seulement de la lune, mais également des autres influences cosmiques ;

— les pratiques anciennes léguées par la tradition ;

— quelques expériences scientifiques, notamment celles faites par Kolisko.

Que pouvons-nous retenir de ces différentes sources d'information ?

Le calendrier biodynamique présente l'avantage d'être très précis. Nous ne sommes pas qualifiés pour discuter des bases sur lesquelles il a été établi ; c'est à chacun de juger s'il estime devoir l'appliquer ou non.

Les pratiques traditionnelles.

Les règles les plus couramment observées jadis étaient, semble-t-il, les suivantes :

1° on semait en lune croissante (entre la nouvelle et la pleine lune) toutes les plantes qui croissent en hauteur et donne des fruits : tomates, pois, haricots, etc.

2° on semait en lune décroissante (entre la pleine et la nouvelle lune) les plantes qui poussent sous terre (carottes, navets, pommes de terre), ou au ras du sol (salades) ; les salades semées en lune croissante monteraient rapidement à graine.

Les expériences de Kolisko.

Kolisko compara systématiquement les résultats de semis effectués deux jours avant la pleine lune, avec des semis faits deux jours avant la nouvelle lune. Il fit également des semis échelonnés de jour en jour. Il arriva aux conclusions suivantes : pour toutes les plantes pour lesquelles il fit des essais (tomates, carottes, betteraves, maïs, blé, avoine, orge, chou rouge, raifort, pois, haricots) il constata que les semis les plus favorables étaient ceux effectués deux jours avant la pleine lune, et les plus défavorables, ceux effectués deux jours avant la nouvelle lune. Les différences de rendement les plus importantes, atteignant 80 % et même 100 %, furent observées pour les légumes-fruits : tomates, pois, haricots. Les expériences de Kolisko confirment donc les pratiques traditionnelles sauf pour les légumes-racines. (Kolisko ne fit pas d'essais sur les salades). Kolisko a également constaté une influence sur la qualité : les carottes semées deux jours avant la pleine lune étaient plus juteuses et plus sucrées que celles semées deux jours avant la nouvelle lune.

Je pense que le jardinier amateur peut s'en tenir à la règle suivante ; semis en lune croissante, de préférence deux à trois jours avant la pleine lune, pour toutes les plantes, à l'exception de celles qui risquent de monter à graines prématurément, principalement les salades, ces dernières devant être semées en lune décroissante.

En fait, les influences cosmiques ne se limitent pas à celle de la lune. Cela explique qu'il soit difficile de donner des règles simples et universelles, et qu'il puisse y avoir des contradictions apparentes entre certaines traditions et certaines expériences. *Mais la règle du semis quelques jours avant la pleine lune pour toutes les plantes cultivées pour leur fruit ou leur graine me semble suffisamment universelle pour qu'on puisse l'adopter sans hésitations.*

2. LE CHOIX DES VARIÉTÉS.

L'amateur est bien souvent embarrassé pour faire un choix parmi les multiples variétés que lui proposent les sélectionneurs. Le choix est particulièrement difficile pour le jardinier biologique.

Les catalogues des sélectionneurs donnent toutes les informations désirables sur la précocité, le rendement, la résistance au froid et à certaines parasites, quelquefois la saveur, mais ils restent muets sur un point essentiel : la qualité biologique, c'est-à-dire la valeur nutritive des différentes variétés. Or nous savons que la teneur en matière sèche, en protéines, en acides aminés essentiels, en vitamines, en oligo-éléments, varie dans de très larges proportions d'une variété à l'autre. Malheureusement on ne dispose pas de séries d'analyses détaillées donnant ces renseignements pour les différentes variétés. En disposerait-on que cela ne nous renseignerait qu'imparfaitement sur la qualité biologique, qui ne peut être définie par une analyse chimique (1).

Faute de mieux, nous devons nous en tenir à quelques points de repères,

— Nos organes du goût et de l'odorat étant d'excellents laboratoires d'analyses nous nous fierons à leur jugement : *toute variété de médiocre qualité gustative sera rejetée.* C'est le cas par exemple des variétés de pommes de terre à hauts

(1) Lire à ce sujet, mon ouvrage : *L'Agriculture biologique.*

rendements (la plupart des variétés à chair blanche) et des variétés de fraises à fruits énormes et insipides (fraises tomates).

— Les variétés très précoces sont intéressantes pour l'obtention des premiers légumes, mais elles seront réservées à cet usage ; elles ont en général une valeur nutritive inférieure à celle des variétés ayant un cycle végétatif plus lent.

— Les variétés trop sensibles au parasitisme seront éliminées : la sensibilité aux parasites est presque toujours un signe d'une médiocre qualité biologique.

— On choisira les variétés adaptées au milieu (sol et climat) dans lequel on se trouve. On se renseignera auprès des jardiniers expérimentés sur les variétés qui réussissent bien dans la région.

— Les nouvelles variétés — il en apparaît tous les ans — seront essayées avec prudence ; on pourra les adopter définitivement si leur comportement biologique est satisfaisant, notamment en ce qui concerne leur saveur et leur résistance au parasitisme.

— Un des problèmes les plus délicats est celui *des hybrides F 1* (1). Il s'agit de variétés obtenues en croisant deux lignées pures, ce qui leur confère une productivité exceptionnelle. Cependant des travaux rapportés par A. Voisin signalent que les maïs hybrides sont dépourvus de vitamine B 12 alors que les variétés classiques en contiennent. Nous manquons d'information sur la qualité biologique des semences de légumes hybrides.

Signalons une caractéristique importante de ces variétés : à l'inverse des autres variétés elles ne peuvent être reproduites par l'amateur. Il n'y a pas d'impossibilités techniques, car ces variétés sont fécondes, mais les générations suivantes perdent rapidement les qualités de l'hybride F 1.

(1) Hybrides de première génération.

DEUXIEME PARTIE

LA CULTURE
DES PRINCIPAUX LEGUMES

AIL

Climat. — L'ail ne gèle pas mais craint l'excès d'eau : on évitera de le planter trop tôt dans les sols humides se ressuyant mal.

Sol et fumure. — L'ail ne supporte pas une fumure faite avec une matière organique mal décomposée ; on apportera donc à l'automne du compost très décomposé (presque à l'état de terreau) ou aucune fumure organique si le sol est suffisamment riche en humus.

Plantation. — L'ail se reproduit exclusivement par plantation de gousses (ou caïeux). Les gousses sont enfoncées dans le sol à 2 ou 3 cm de profondeur, la pointe en haut. Plus la terre est lourde et moins les gousses doivent être enterrées profondément. (Planter seulement les caïeux de la périphérie des têtes si l'on veut obtenir des bulbes de bonne taille. Ceux du centre ne donneraient que des têtes petites.)

— *Date :* on plante en novembre ou en février-mars en terre légère, en mars en terre lourde.

— *Dose :* environ 10 à 12 kg de gousses à l'are.

— *Ecartement :* en ligne de 20 à 25 cm, une gousse tous les 10 à 12 cm.

Entretien. — Binage et sarclage. Eviter de butter les bulbes qui risqueraient de pourrir par temps humide. Certains jardiniers cassent les tiges en juin : cette pratique nous paraît inutile et antibiologique.

Cultures associées. — L'ail est généralement cultivé seul. Il aurait une action défavorable sur les haricots et les pois.

Récolte et rendement. — La récolte se fait en juillet-août. Arracher les aulx par temps sec, et les laisser sur le terrain pendant un à deux jours selon la température. Les rendements sont d'environ 70 à 80 kg à l'are.

Conservation. — De préférence en bottes pendues au grenier. L'ail supporte des gelées de —10° à —12°.

Variétés. — L'ail blanc ; l'ail rose, plus résistant à l'humidité et de meilleure conservation que l'ail blanc.

ARTICHAUT

Climat. — L'artichaut est sensible au froid, de même qu'à l'excès d'humidité. Le passage de l'hiver est toujours délicat dans les climats rigoureux.

Sol et fumure. — L'artichaut exige des sols riches en humus, humides mais sains, c'est-à-dire au sous-sol perméable. Il supporte bien des fumures organiques peu décomposées.

Plantation. — L'artichaut se multiplie en plantant des œilletons prélevés sur des plantes adultes. Le prélèvement et la plantation des œilletons s'effectue de préférence en avril. Les œilletons sont mis en place à 80 cm d'intervalle sur des lignes distantes de 1 m. On plante généralement deux œilletons côte à côte, au plantoir. Il faut veiller à ne pas trop les enterrer car ils pourriraient, mais il faut les borner énergiquement.

Entretien. — Les artichauts ne demandent pas d'entretien particulier pendant la belle saison, sinon des binages et éventuellement des arrosages si la terre du jardin est très légère. La première année on peut pratiquer des cultures intercalaires ou encore semer un engrais vert. De toute manière, il ne faut pas laisser le sol à nu.

A l'automne, les tiges qui ont produit sont coupées au ras du sol, et les feuilles sont coupées à 30 cm du sol. En novembre, on butte les pieds, mais sans recouvrir le cœur.

En hiver, à l'approche des grands froids ou de neige abondante, on recouvre les buttes et le haut de la plante de paille ou de feuilles. Mais il est indispensable d'enlever cette couverture lorsque le temps se radoucit pendant une période assez longue, car elle risquerait de faire pourrir l'artichaut. On remet cette couverture si le froid ou la neige s'annoncent de nouveau. Les artichauts périssent en hiver plus souvent par excès d'humidité qu'à cause du froid. On effectue en général le débuttage vers la mi-mars.

Généralement les plantations sont renouvelées tous les trois ans.

Cultures associées. — On peut faire, la première année, des cultures intercalaires de salades, haricots, pois, radis, etc.

Récolte et rendement. — On récolte généralement deux à trois têtes par pied la première année, et six à huit les années suivantes.

Variétés. — Gros vert de Laon (le plus rustique au froid). Gros camus de Bretagne (le plus sensible au froid). Vert de Provence (rustique à la chaleur mais sensible au froid). Violet hâtif de Provence.

ASPERGE

Climat. — Plante rustique, s'accommodant de tous les climats.

Sol et fumure. — S'adapte à tous les sols, à la condition qu'ils soient bien drainés ; l'asperge craint l'excès d'humidité. On fera un apport important de compost bien décomposé au moment de l'établissement de l'aspergeraie. Les matières organiques fraîches doivent être employées avec modération, et toujours en surface, car un excès communique un goût amer aux asperges.

Semis. — Les asperges sont des plantes vivaces. On peut

semer en pépinière pour produire des griffes que l'on mettra en place l'année suivante, mais on gagne un an en achetant directement les griffes.

Si on préfère produire soi-même les griffes, on sème en pépinière en mars ou avril, dans des rayons distants de 5 cm. On éclaircit en laissant un plan tous les 10 cm. Les tiges sont coupées à l'automne, et les griffes sont prêtes à être mises en place au printemps suivant.

Plantation. — La plantation des griffes se fait en mars ou avril. On creuse des tranchées de 40 cm de large et de 20 cm de profondeur, distantes de 1 m. Dans le fond de chaque tranchée, on fait une petite butte de terre de 5 à 6 cm de hauteur tous les 60 cm. On plante un tuteur au centre de chaque butte. Sur chaque butte on dispose une griffe, en étalant bien les racines, on recouvre de 5 cm de terreau ou de compost bien décomposé, puis de 5 cm de terre.

Entretien :

— *La première année :* binages, sarclages et mulching. En novembre on coupe les tiges à environ 10 cm du sol et on répand du compost bien décomposé au fond de la tranchée.

— *La deuxième année :* mêmes travaux que la première année et remplacement des pieds manquants. En novembre, on coupe les tiges, on retire les tuteurs et on fait un nouvel apport de compost dans la tranchée.

— *La troisième année :* on fait un léger buttage au printemps. En novembre, on coupe les tiges, on débutte les asperges et on fait un nouvel apport de compost.

— *La quatrième année et les années suivantes :* mêmes façons culturales que la troisième année, mais on fait un buttage plus important (environ 30 cm).

Récolte. — La récolte commence la 3e année, mais ne devient importante qu'à partir de la 4e année. Les asperges sont bonnes à récolter lorsqu'elles dépassent de la butte de terre de quelques centimètres. On les récolte à la main ou à l'aide d'une gouge à asperges.

Les rendements sont d'environ 50 kg à l'are.

Une aspergeraie bien entretenue dure de douze à quinze ans.

La culture de l'asperge ne peut être envisagée que si l'on dispose d'une surface suffisamment grande, car elle prend beaucoup de place.

Cultures associées. — Pendant les deux premières années, les espaces libres entre les lignes d'asperges peuvent être utilisés pour différentes cultures : haricots, pois, salades, ail, oignon, échalotte, radis, navet, choux, tomates, etc. Les tomates et les asperges semblent s'influencer de manière particulièrement favorable.

Variétés. — La meilleure variété est l'asperge d'Argenteuil hâtive.

AUBERGINE

Climat. — Plante très exigeante en chaleur qui mûrit difficilement sous le climat de la région parisienne.

Sol et fumure. — L'aubergine a des exigences très proches de celles de la tomate : elle demande un sol riche en humus et des apports organiques abondants. Elle supporte bien une matière organique peu décomposée.

Semis. — Le semis se fait obligatoirement, sauf dans le midi, sur couche chaude, en février-mars, à la volée ou en lignes espacées de 10 cm.

Plantation. — La plantation en pleine terre se fait en fin mai, à bonne exposition ; on peut planter un peu plus tôt sous tunnel plastique ou sous châssis froid. On plante à 30 ou 40 cm d'écartement en tous sens. Dans le midi, on plante à 50-60 cm, les pieds d'aubergines ayant un développement beaucoup plus important.

Entretien-taille. — Le plan d'aubergine est le plus souvent constitué par une tige unique. Un mois après la reprise, supprimer les rameaux qui se montrent à l'aisselle des feuilles de base, sans arracher les tissus de la tige principale. Lorsque la tige a été ébourgeonnée sur 25 cm on laisse 4 à 5 ramifications se développer.

Récolte et rendement. — Hors de la région méditerranéenne, la culture en pleine terre donne généralement des rendements médiocres.

BASILIC

Le basilic est une excellente plante condimentaire.
Climat. — Plante aimant la chaleur.
Semis. — Sur une couche chaude, en février-mars ; repiquer sur couche, en pépinière ou en pots.
Plantation. — En mai, à bonne exposition.
Variétés. — Basilic grand vert (à grandes feuilles). Basilic fin vert (à petites feuilles).

BETTE (OU BLETTE OU POIREE)

Climat. — Pas d'exigences particulières, mais risque de monter à graines si elle souffre du froid au printemps.
Sol et fumure. — Plante peu exigeante, mais ne donnant de bons rendements que si elle reçoit des apports organiques suffisants. Supporte assez bien les fumures peu décomposées.
Semis :
— *Date :* avril à juin, en place. Ne pas semer trop tôt, car les plantes monteraient à graine prématurément. On peut

également semer à la fin de l'été pour consommer au printemps suivant.

— *Dose :* 60 g à l'are.

— *Ecartement :* en lignes distantes de 40 cm. On peut également semer en poquets (trois ou quatre graines par poquet, les poquets étant distants de 40 cm) ou, encore, si l'on manque de place, semer en pépinière, et repiquer ensuite, un pied tous les 35 cm sur des lignes distantes de 40 cm.

Entretien. — Binage, sarclage, mulching et éclaircissage (un pied tous les 35 cm).

Récolte. — Les feuilles du tour sont coupées au fur et à mesure qu'elles atteignent un développement suffisant. La récolte s'échelonne de juillet jusqu'aux gelées. On peut conserver les bettes durant l'hiver, en place, en les préservant des fortes gelées par une couverture de paille, ou en les buttant comme on fait pour les artichauts ; les bettes repoussent très tôt au printemps et fournissent un légume apprécié à cette époque de l'année.

Variétés. — Poirée blonde à carde blanche. Poirée verte à carde blanche (plus résistante au froid que la précédente). Poirée verte frisée à carde blanche.

BETTERAVE ROUGE

Climat. — Pas d'exigences particulières ; comme pour les bettes, elle risque de monter à graines si on la sème trop tôt.

Sol et fumure. — Préfère les terres profondes et fraîches, bien ameublies ; demande une fumure organique abondante, mais sans excès ; une fumure trop forte provoquerait un développement exagéré des feuilles au détriment des racines et nuirait à la conservation de ces dernières.

Semis :

— *Date :* les semis peuvent être échelonnés du premier

avril à la fin mai ; on peut encore semer en juin des variétés hâtives. Les betteraves semées trop tôt risquent de lever difficilement et de monter à graine. On pourra donc risquer un semis précoce, d'une variété hâtive, fin mars-début avril, mais le semis en vue de la provision pour l'hiver sera fait du quinze avril au début mai.

— *Dose :* environ 100 g à l'are pour un semis en place.

— *Ecartement :* on sème généralement en lignes espacées de 30 cm. On peut également semer en pépinière et repiquer au même écartement, en espaçant les betteraves de 15 à 20 cm sur la ligne. Le repiquage des betteraves est surtout intéressant dans les climats froids où les gelées tardives sont à craindre, ou pour les cultures hâtées semées sous châssis.

Entretien. — Binage, sarclage, mulching, éclaircissage et démariage.

Chaque glomérule (1) donnant naissance à plusieurs plantes, il est nécessaire de les démarier afin de ne laisser qu'une betterave tous les vingt centimètres. Cette opération doit être effectuée assez tôt, lorsque les plantes ont environ 5 cm de hauteur.

Récolte et rendement. — La récolte doit être faite avant les gelées, par temps sec. On laissera les betterages ressuyer sur le sol un ou deux jours avant de les rentrer. Les rendements sont de l'ordre de 500 kg à l'are.

Conservation. — Préparer les betteraves en décolletant totalement et en coupant le bout de la racine. Mettre en silo ou en cave dans du sable sec.

Cultures associées. — Choux, pommes de terre tardives (avec betteraves hâtives), haricots nains.

Variétés. — Betterave rouge noire d'Egypte (hâtive) ; Betterave rouge globe (hâtive) ; Betterave rouge Crapaudine (racine longue) ; Betterage rouge noire des Vertus (racine longue).

---

(1) Les « graines » de betteraves sont en fait des glomérules composés de plusieurs graines.

BLE

Nous parlerons de la culture du blé — bien qu'il ne s'agisse pas d'une culture potagère — car certains jardiniers amateurs souhaitent produire eux-même le blé nécessaire à leur consommation.

Climat. — Pas d'exigeances particulières, mais craint l'excès de chaleur et de sécheresse au moment de la formation des grains (risque d'échaudage).

Sol et fumure. — S'adapte à des sols très divers, à l'exception des sols trop acides. Craint la matière organique fraîche. Fertiliser avec du compost bien décomposé.

Semis :

— *Date :* Blé d'automne : en octobre (novembre dans le midi). Blé de printemps : mars, début avril.

— *Dose :* environ 150 kg/ha.

— *Ecartement :* on peut semer soit en lignes distantes de 18 à 20 cm soit en lignes jumelées distantes de 25 à 30 cm avec un écartement de 10 cm entre les deux lignes jumelées. On choisira l'une ou l'autre méthode selon le matériel utilisé pour le binage.

Entretien. — Binages et sarclages. Il est très important de maintenir le blé propre au début de sa végétation pour éviter l'envahissement par les mauvaises herbes.

Récolte et rendement. — Le blé pourra être coupé à la faux ou à la faucheuse. Il sera ensuite mis en gerbes que l'on laissera sécher en meules sur le terrain ou dans un endroit bien sec. On ne fauchera le blé que par beau temps, lorsque la tige et les épis seront bien secs. Le blé peut être battu au fléau ou à la batteuse. Rendement : blé d'automne, 40 à 60 quintaux à l'hectare ; blé de printemps, 30 à 50 quintaux à l'hectare.

Variétés. — Il est difficile de faire un choix parmi les très nombreuses variétés existantes, d'autant plus qu'il faut tenir compte des conditions de sol et de climat. Le mieux est de s'informer auprès des agriculteurs biologiques de la région et de choisir parmi les variétés qui réussissent bien chez eux celles qui ont la meilleure valeur boulangère.

Remarque : La culture du blé ne doit être entreprise par les amateurs qu'à la condition de disposer de suffisamment de place et de temps. Il faut en effet au moins 500 m² pour produire le blé (environ 300 kg) nécessaire à la consommation annuelle d'une famille de quatre à cinq personnes.

D'autre part, la récolte (fauchage, battage, vannage) demande beaucoup de travail si elle est entièrement manuelle.

CARDON

Le cardon est une plante très voisine de l'artichaut, dont on mange les côtes.

Climat. — Plante sensible au froid, comme l'artichaut.

Sol et fumure. — Exige des sols riches en humus.

Semis. — En avril sur couche ou fin mai en pleine terre, directement en place. Si on sème en pleine terre, semer 3 ou 4 graines par poquet et recouvrir d'un peu de terreau. On gardera le plus beau pied dans chaque poquet.

Mise en place. — Dans des poquets remplis de terreau, à un mètre en tous sens.

Entretien. — Binage, sarclage et mulching ou cultures associées. Les cardons doivent être blanchis. Trois semaines avant d'être récoltés, on relève les feuilles et on les lie ensemble ; on butte ensuite les plantes sur 25 à 30 cm.

Récolte. — A partir d'octobre. Avant les premières gelées, on arrache les plantes restantes avec leur motte, on les met en jauge en cave et on les blanchit comme précédemment.

Cultures associées. — On peut planter, entre les pieds de cardons, des plantes à développement rapide, par exemple des salades. On peut également planter les cardons dans un carré de choux de printemps, de carottes hâtives ou de petits pois.

Variétés. — Cardon blanc amélioré ; cardon plein inerme (plus productif que le précédent).

CAROTTE

Climat. — Pas d'exigences particulières.

Sol et fumure. — La carotte préfère les terres légères, mais certaines variétés peuvent s'accommoder de terres argileuses. La préparation des terres à carottes doit être faite avec un soin particulier. Le sol doit être très propre, faute de quoi la culture est envahie par les mauvaises herbes. Si on ne veut pas récolter des carottes fourchues et mal développées, la terre doit être bien ameublie, finement préparée en surface ; enfin le sol ne doit pas recevoir de fumure organique mal décomposée, la carotte ne supportant pas la matière organique fraîche.

La couche de mulch mise avant l'hiver doit être soigneusement retirée avant le semis (du moins sur les lignes semées).

Pour les carottes d'hiver, semées fin juin-début juillet, il est très recommandable de semer un engrais vert au printemps (par exemple vesce-avoine) si on n'a pas pu en semer à l'automne. Cet engrais vert sera broyé, puis incorporé à la couche supérieure du sol (sur 2 ou 3 cm seulement), environ trois semaines avant la date prévue pour le semis des carottes : cet intervalle permet à l'engrais vert de se décomposer et aux graines de mauvaises herbes de lever. Un léger apport de compost bien décomposé ou d'un engrais organique animal fait sur l'engrais vert juste avant son incorporation au sol facilitera sa décomposition. Pendant les trois semaines séparant l'incorporation de l'engrais vert du semis, on passera un coup de rateau chaque semaine pour permettre au maximum de mauvaises herbes de germer avant le semis de carottes.

Semis :

— *Date :* sur couche chaude : de janvier à mars ; en pleine terre : de mars à début juillet.

On sème en mars les variétés hâtives (carottes courtes) et les mois suivants les variétés semi-longues et longues.

Les carottes destinées à la consommation d'hiver ne doivent pas être semées avant juin. Semées plus tôt elles durciraient et se conserveraient mal ; on peut encore semer jusqu'en fin juillet les variétés courtes hâtives.

— *Dose :* 30 à 50 g à l'are en ligne. On ne sème à la volée que les carottes cultivées sur couches. Le dépressage des carottes étant un travail long et fastidieux, on sèmera clair, en sol bien préparé, afin d'avoir une levée régulière (1).

— *Ecartement :* en lignes distantes de 25 à 30 cm.

Entretien. — Les principaux soins d'entretien sont l'éclaircissage, le déherbage et l'apport de mulch.

L'éclaircissage peut être considérablement réduit si le semis de carottes est suffisamment clair et soigneusement fait. Il doit être effectué de bonne heure, dès que les plantes ont quelques centimètres de hauteur. Fait trop tard, il dérangerait les carottes restant en place dont la croissance serait perturbée. On laisse environ une carotte tous les 5 à 8 cm selon les variétés.

Le désherbage des carottes est une opération très longue, qui justifie une différence de prix sensible entre les carottes biologiques et les carottes désherbées chimiquement. Pour ne pas se laisser envahir par l'herbe, il faut :

— semer dans une terre aussi propre que possible,

— faire un premier sarclage très tôt, avant même que les carottes soient complètement levées ; pour cela, on mélangera quelques graines de radis à la graine de carotte, le radis per-

---

(1) L'utilisation d'un semoir permet d'effectuer un semis clair et régulier.

mettant de marquer les rangs avant la levée complète des carottes.

Cultures associées. — Les plantes le plus couramment associées aux carottes sont les laitues, les radis, les poireaux. On peut également leur associer des pois ou des salsifis (ces derniers éloigneraient la mouche de la carotte) ; l'association carottes hâtives-poireaux éloignerait à la fois la mouche de la carotte et le ver du poireau.

Récolte et rendement. — On arrache généralement les carottes avant les grands froids et on les met en silo. On peut également laisser en terre les carottes issues des semis de fin juin-début juillet, à condition de recouvrir le sol d'une bonne couche de paille avant les grands froids.

Les rendements sont de l'ordre de 200 kg à l'are pour les variétés hâtives et de 400 à 500 kg pour les variétés tardives (variétés longues pour la provision d'hiver).

Variétés :

1. *Variétés hâtives pour les semis sous couche :* carotte Davanture (la plus précoce) ; carotte courte améliorée à forcer ; carotte Nantaise à forcer (carotte demi-longue).

2. *Variétés hâtives pour les semis de printemps en pleine terre :* carotte de Carentan ; carotte Nantaise à forcer ; carotte de Croissy ; carotte Touchon.

3. *Variétés tardives pour la provision d'hiver* (semi-longues et longues) ; carotte de Chantenay (variété très rustique, recommandée pour les sols argileux) ; carotte Nantaise améliorée ; carotte Nantaise race Tip-Top ; carotte de Frise ; carotte de Colmar ; carotte de la Halle ; carotte de St-Valéry.

CELERI

Climat. — Plante assez délicate, qui craint à la fois la sécheresse et le froid.

Sol et fumure. — Exige des sols très riches en humus, mais

supporte mal la matière organique insuffisamment décomposée.
On apportera donc du compost très décomposé.

Semis. — Les semis de céleris doivent être faits avec beaucoup de soins, car ils sont assez difficiles à réussir. Les graines doivent être très peu enterrées (le mieux est de ne pas les enterrrer mais de les recouvrir d'une fine couche de terreau) et maintenues constamment humides. La germination est très longue (environ trois semaines entre le semis et la levée).

— *Date :* On sème toujours en pépinière, soit sur couche tiède en avril, soit en pleine terre en mai.

— *Dose :* un gramme au mètre carré, permettant de planter un are.

On peut pratiquer un repiquage sur couche, à 5 cm d'intervalle avant la mise en place définitive, mais ce n'est pas indispensable.

Plantation. — On plante en lignes distantes de 35 cm, à 30 cm sur la ligne, dans un sol bien ameubli en profondeur. La plantation peut être effectuée jusqu'en juillet.

Entretien. — Il est essentiel pour le céleri que le sol soit maintenu constamment humide. C'est pourquoi la couverture du sol par un mulching protecteur, dès la mise en place des céleris, est particulièrement importante.

Cultures associées. — Le céleri peut être associé à de nombreuses cultures : laitues, tomates, poireaux, radis, haricots nains.

Récolte et rendements. — Les céleris doivent être rentrés avant les gelées car ils sont très sensibles au froid.

On récolte environ 600 kg de céleri à côtes et 300 kg de céleri-rave à l'are.

Conservation. — Les céleris-raves sont conservés en silos. Les céleris à côtes arrachés avec leur motte peuvent être conservés quelques semaines en cave.

Variétés :

● *Céleri-rave :* céleri-rave boule de marbre ; céleri-rave de Gennevilliers.

● *Céleri à côtes* (ou céleri-branche) : céleri plein blanc Lepage ; céleri grand doré amélioré ; céleri doré Barbier (hâtif).

CERFEUIL

Plante condimentaire peu exigeante, aimant l'ombre. Se sème généralement au printemps, mais on peut le semer tout l'été, jusqu'en septembre. Pour avoir du cerfeuil en hiver, on sème sur couche en septembre-octobre.

Si l'on n'a pas de châssis disponible, on fait en août-septembre un semis qu'on recouvre l'hiver de feuilles sèches ou de paillassons. On récolte au printemps.

Le cerfeuil se sème généralement en bordure, ou dans le carré réservé aux plantes condimentaires.

CHICOREE FRISEE ET SCAROLE

Climat. — Plantes exigeantes en chaleur et assez sensibles au froid, surtout au moment de la levée. Par contre elles résistent mieux à la chaleur que la laitue. Elles résistent également à des gelées de —3° à —4°.

Elles constituent la base de l'approvisionnement en salades de l'été et de l'automne.

Comme la laitue, elles aiment des sols riches en humus et supportent mal la fumure organique fraîche.

Semis. — La chicorée frisée et la scarole doivent être semées dans des sols bien réchauffés. Si on les sème dans une terre froide, leur levée est lente et elles montent rapidement à graine.

● *Semis sur couche.*

Sur couche chaude, on peut semer à partir de mars, mais

ces semis sont d'un intérêt limité pour l'amateur, à moins d'être particulièrement friand de ces salades. Elles seront en effet bonnes à consommer en juin-juillet, mois pendant lesquels le jardin regorge de laitues.

● *Semis en pleine terre.*

— *Date :* on sème à partir de la fin mai (pour la production de fin d'été) jusqu'en fin juillet (pour la production d'hiver). Les semis sont généralement faits en pépinière, mais si l'on dispose de suffisamment de place on peut semer directement en place.

— *Dose :* il faut environ 20 g semés sur 5 mètres carrés en pépinière, pour produire les plants nécessaires à un are.

Plantation. — On plante en lignes distantes de quarante centimètres, tous les trente centimètres sur la ligne

Variétés.

1. *Chicorée frisée :*

● *pour la production d'été :*

— chicorée frisée très fine maraîchère (pour les semis sur couche),
— chicorée frisée de Meaux,
— chicorée d'été à cœur jaune.

● *pour la production d'automne et d'hiver :*
— chicorée frisée de Ruffee.

2. *Scarole :*

● *pour la production d'été :*
— scarole ronde verte à cœur plein.

● *pour la production d'automne :*
— scarole géante maraîchère,
— scarole ronde verte à cœur plein,
— scarole en cornet de Bordeaux ou cornette (pour les derniers semis en raison de sa bonne résistance au froid).

CHICOREE SAUVAGE

Climat. — La chicorée sauvage est une plante rustique, qui ne gèle pas l'hiver et permet d'avoir de la salade verte très tôt au printemps, et même en plein hiver si le temps est doux. *Sol et fumure.* — Plante très peu exigeante, poussant même sur des sols médiocres.

Semis.
— *Date :* d'avril à juillet.
— *Dose :* environ 50 g à l'are.
— *Ecartement :* on sème directement en place, en lignes distantes de 30 cm.
Entretien. — Ne demande aucun entretien particulier. Binage, sarclage et mulching habituels. Les chicorées sauvages sont surtout intéressantes au début du printemps, alors que la salade est particulièrement rare. En été, on coupe les feuilles pour les donner aux animaux ou pour les utiliser en mulching sur d'autres cultures.

Variétés :

— chicorée amère (Barbe de Capucin) consommée seulement après étiolement.
— chicorée sauvage améliorée pain de sucre. Elle forme une sorte de pomme allongée, avant l'hiver si on la sème en juin et au printemps si on la sème en août. Elle fournit une excellente salade, légèrement amère, tôt au printemps.
— chicorée rouge de Vérone. Elle forme très tôt au printemps de petites pommes rouges et tendres, délicieuses. Elle permet, avec la chicorée pain de sucre, de faire la soudure entre les salades d'hiver (mâche, pissenlit) et les premières laitues de printemps.

CHOU

Climat. — Le chou est une plante de climat humide : il redoute la sécheresse, surtout au début de son développement. Sa résistance à la gelée dépend des variétés ; c'est un facteur essentiel dans le choix d'une variété pour la consommation d'hiver.

Sol et fumure. — Le chou exige une fumure organique abondante, mais il n'aime pas la matière organique fraîche. Il redoute d'autre part des sols acides.

CHOUX POMMÉS ET CHOUX ROUGES.

Semis : Les choux sont toujours semés en pépinière (40 g pour produire le plan nécessaire à 1 are).

● *Choux de printemps.* Deux époques de semis sont possibles :

— fin août-début eptembre ; mise en place en novembre, ou au printemps dans les régions à hiver rigoureux.
— en février sur couche chaude.

● *Choux d'été et d'automne ;* semer en février-mars sur couche chaude ou en mars-avril en pleine terre.

● *Choux d'hiver ;* semer en mai-juin.

Les semis de choux sont fréquemment attaqués par l'altise, surtout dans les périodes chaudes et dans les sols insuffisamment riches en humus. Traiter à la roténone.

Plantation. — Veiller à ne pas planter de choux « borgnes », c'est-à-dire dont le bourgeon terminal est atrophié ou absent.

Les choux de printemps sont plantés à 40 cm sur des lignes distantes de 50 cm. Les choux d'automne et d'hiver sont plantés à 50 cm, sur des lignes distantes de 60 à 80 cm selon les variétés.

Entretien. — Si l'on ne pratique pas de cultures associées, on recouvrira le sol d'une couche de mulch ou on sèmera un engrais vert (trèfle blanc, minette, gesse chiche). Ne pas semer l'engrais vert avant la fin de l'été, sauf si l'on peut arroser à volonté, en raison de la concurrence pour l'eau.

Cultures associées. — Le chou peut être associé à de nombreuses cultures : pois, haricots, betteraves, céleris, oignons, laitues, mâche. On peut en particulier semer de la mâche dans les choux d'hiver.

Récoltes et rendements. — Les variétés de choux pommés d'hiver les plus résistants au froid peuvent être laissées en terre tout l'hiver. Les choux rouges doivent être récoltés avant les grands froids.

Les rendements sont d'environ 600 à 800 kg à l'are.

Variétés. — Les choux pommés se divisent en deux catégories : les choux cabus (à feuilles lisses) et les choux de Milan (à feuilles frisées). Sur le plan gustatif, les seconds nous paraissent nettement supérieurs.

Variétés de printemps. Ce sont tous des choux cabus.

Chou cœur de bœuf ; chou Express (très précoce) ; chou pommé plat de Paris (à planter à 30 ou 40 cm d'écartement en raison de son faible développement).

Variétés d'été et d'automne.

● Choux cabus : chou de Brunswick ; chou quintal d'Alsace (surtout cultivé pour la choucroute).

● Choux de Milan : chou roi de Milan ; chou hâtif d'Aubervilliers ; chou gros des Vertus.

Variétés d'hiver.

● Choux cabus : chou de Vaugirard d'hiver (très rustique).

● Choux de Milan : chou de Milan de Pontoise (très résistant au froid).

Choux rouges : Chou rouge tête de nègre (hâtif) ; chou rouge gros ; chou rouge de Langendijk.

CHOUX DE BRUXELLES.

Ils se cultivent sensiblement comme les choux pommés ; cependant les fumures organiques doivent être relativement pauvres en azote (un excès d'azote empêcherait la formation des petites pommes).

Semis. — Fin mars à fin avril, en pépinière.

Plantation. — A cinquante centimètres sur des lignes distantes de 50 à 60 cm.

Rendement. — 120 à 150 kg à l'are.

Variétés. — Chou de Bruxelles demi-nain de la Halle ; chou de Bruxelles de Rosny (tardif, résistant au froid) ; chou de Bruxelles de Lille (tardif, très rustique).

CHOUX-FLEURS.

La culture du chou-fleur est relativement délicate. Il est essentiel que la végétation ne subisse aucun à-coup, et en particulier que le chou-fleur ne souffre jamais de la sécheresse. La couverture du sol est donc très importante.

Semis et plantation.

● *Choux-fleurs de printemps.* On sème en pépinière vers le quinze septembre : on repique sous châssis en octobre. Pendant les grands froids, les plants doivent être bien protégés du gel par des châssis entourés de fumier et recouverts de paillassons. Les plants sont mis en place sur couche chaude en janvier-février et en pleine terre fin mars. On plante à environ 50 à 60 cm d'écartement. Récolte en mai-juin.

● *Choux-fleurs d'été.* Semis fin avril début mai en pleine terre, en pépinière. Plantation cinq à six semaines après les semis, lorsque le plant a 5 feuilles, à 60 cm d'écartement. Récolte en août-septembre.

● *Choux-fleurs d'automne.* Semis en mai - début juin ; plantation à 70 cm d'écartement. Récolte en octobre-novembre.

Entretien. — Le même que pour les choux pommés mais il faut, en plus, protéger l'inflorescence du soleil dès qu'elle a 7 à 8 cm de diamètre, du moins si l'on veut que le chou-fleur reste bien blanc. Pour cela, on peut, soit casser une feuille et la rabattre sur la pomme, soit lier les feuilles au-dessus de la tête.

Cultures associées. Comme pour les choux pommés.

Variétés. — Chou-fleur nain hâtif boule de neige (très hâtif) ; chou-fleur nain très hâtif d'Erfurt (hâtif) ; chou-fleur merveille de toute saison (rustique).

AUTRES VARIÉTÉS DE CHOUX.

A côté des choux dont nous venons de parler, il existe plusieurs types de choux, dont certains sont injustement méconnus. Les jardiniers curieux doivent en essayer la culture.

● *Choux brocolis :* voisins des choux-fleurs mais à inflorescence verte. Se sèment en mai-juin et se récoltent au printemps suivant.

● *Choux verts non pommés.* Ces choux, dont on mange les feuilles vertes, très frisées, sont particulièrement rustiques au froid. On les cultive surtout dans l'est et le nord de la France. Semis en avril-mai. Récolte : tout l'hiver.

Variétés. — Chou frisé grand du nord ; chou frisé vert à pied court.

● *Chou-rave.* Semis en mai, récolte en automne.

● *Chou-navet ou rutabaga.* Semis en mai-juin, récolte en automne.

● *Chou de Chine ou Pe-tsaï.* Semis en juin-juillet, récolte à partir de septembre. Supporte de faibles gelées.

CIBOULE

Plante sans exigences particulières, à semer ou à planter en sol bien ameubli et fumé anciennement.

Plantation. — On reproduit par graines ou par division de touffes.

Semis. — En pépinière en février-mars pour repiquer à 0,15 m en tous sens en avril-mai (on coupe l'extrémité des feuilles avant repiquage) ou en place en mai.

Variétés. — Ciboule rouge ou commune (rustique et odorante) ; ciboule blanche hâtive (moins odorante) ; Ciboule de Saint-Jacques (vivace, à reproduire par éclats de touffes).

CIBOULETTE

Plante vivace peu exigeante. Aime les expositions chaudes et ensoleillées, et un sol assez humifère.

Plantation. — On arrache de vieilles touffes de ciboulette et on les divise en fragments comportant chacun 4 à 5 petits bulbes. Habiller les plants avant la replantation. On compte 7 pieds par mètre de bordure.

Entretien. — Arrosages en cas de sécheresse prolongée ; désherbage. Même si la consommation est inférieure à la production, il faut couper toutes les touffes à 3 ou 4 cm du sol, environ tous les mois (sauf celles qui, déjà utilisées, sont en cours de repousse). Les bordures de ciboulette durent longtemps, mais on aura intérêt à les refaire en les changeant de place après la 3ᵉ ou la 4ᵉ année.

Récolte. — D'avril aux gelées. L'hiver, on peut mettre des touffes en pots et les abriter sous châssis ou les placer devant la fenêtre d'une pièce chauffée.

CONCOMBRE ET CORNICHON

Climat. — Le concombre exige beaucoup de chaleur et est très sensible au gel. Il doit donc être cultivé à bonne exposition, dans des sols se réchauffant rapidement.

Sol et fumure. — Comme les autres cucurbitacées cultivées (courge, potiron, melon), le concombre demande une fumure organique abondante, et supporte bien le fumier peu décomposé.

Semis.

— *En pépinière sur couche chaude :* en mars-avril.

Les plants sont repiqués en avril sur couche, et mis en place en mai.

— *En place en pleine terre :* en mai, en poquets, à raison de deux ou trois graines par poquet, les poquets étaient établis comme il est dit ci-dessous.

Dose : environ 25 g à l'are.

Plantation. — Deux méthodes sont employées :

— La plantation de type habituel, en pleine terre. La faire de préférence sur une vieille couche, ou sur un sol très riche en matière organique.

— La plantation sur des tranchées ou des poquets remplis de compost. On creuse des tranchées profondes de quarante centimètres (ou des trous de même profondeur) ; on les remplit de compost, on recouvre de terre et on plante.

Les lignes sont espacées de 1,20 m et les plants de 0,40 m sur la ligne. La seconde méthode donne une production plus précoce et nettement plus importante. On utilisera de préférence un compost peu décomposé, contenant du fumier de cheval, qui dégagera plus de chaleur qu'un compost mûr.

Si l'on veut avoir des concombres de bonne heure, on les plantera sur couche, sous châssis.

Entretien. — On apportera dès que possible une couche de mulch qui gardera le sol humide, et supprimera tout travail du sol, travail qui serait préjudiciable au système radiculaire très superficiel du concombre.

La taille du concombre n'est pas indispensable. Elle se limite au pincement de la tige principale au-dessus de la cinquième ou sixième feuille.

Cultures associées. — Le concombre peut être associé à de nombreux légumes : maïs, tournesol, pois, haricots, salades, chou, céleri.

Variétés.

● *Concombres :* concombre vert long maraîcher (culture de pleine terre) ; concombre vert long anglais épineux (culture de pleine terre) ; concombre Marketer (culture sous châssis).
On trouve également diverses variétés hybrides F 1 très productives.

● *Cornichons :* cornichon vert petit de Paris ; cornichon vert de Massy ; cornichon fin de Meaux.

COURGE ET POTIRON

La culture des courges et des potirons se rapproche beaucoup de celle des concombres.
Climat. — Mêmes exigences que les concombres.
Sol et fumure. — Mêmes exigences que les concombres, mais se contentent de sols moins riches.

Semis et plantations.

— *Semer en mars-avril sur couche,* pour la production de courgettes hâtives. Mettre en place en mai, en pleine terre.

— *Semer en mai en pleine terre,* pour la production des courgettes non hâtives, des courges d'hiver et des potirons.

Pour la plantation ou le semis en place, on opère de la même manière que pour les concombres (plantation en poquets, ou tranchées remplies de compost).

Les courges sont mises en place à 1 m sur 1 m et les potirons à 2 m sur 1 m.

Entretien. — Couvrir le sol le plus tôt possible, comme pour les concombres.

Les potirons sont taillés de manière à ne laisser que 4 à 5 fruits sur chaque pied.

Cultures associées : comme pour les concombres.

Récolte. — Les courges d'hiver et les potirons doivent être récoltés avant les premières gelées.

Conservation. — Dans un endroit sec à l'abri des gelées.

Variétés.

● *Courges :* verte des maraîchers et courge d'Italie, pour la production des courgettes ; sucrière du Brésil (pour la conservation en hiver) ; de Hubbard.

● *Potirons :* vif d'Etampes ; Giraumon turban ; Pâtisson ; potiron japonais ou potimarron (moins aqueux et plus parfumé que les autres potirons ; se conserve jusqu'en mars).

ECHALOTTE

Climat, sol et fumure : sensiblement les mêmes exigences que l'ail.

Plantation. — L'échalotte se multiplie par caïeux comme l'ail. On la plante en février-mars, à 10 cm de distance sur des lignes espacées de 20 cm. Les caïeux sont enfoncés à la main, la pointe en haut, à 2 cm de profondeur. Il faut une dizaine de kilos pour planter un are.

Entretien. — Il se limite à des sarclages ; ne pas arroser.

Récolte. — En juillet, lorsque les feuilles jaunissent. On laisse ressuyer sur le terrain pendant une journée.

Conservation : en grenier.

Variétés : Echalotte ordinaire (se conserve bien) ; échalotte de Jersey (ou échalotte-oignon).

ENDIVE
(chicorée Witloof)

L'endive est une chicorée, plus proche par ses exigences et et son mode de culture des chicorées sauvages que de la chicorée frisée ou de la scarole.

Climat. — Plante rustique, sans exigences particulières.

Sol et fumure. — L'endive s'accommode de sols variés, de préférence meubles et profonds. Elle supporte mal des sols très argileux. Les fumures organiques mal décomposées donnent des racines fourchues et augmentent les risques de pourriture.

Semis.

— *Date :* en mai-juin, en place.

— *Dose :* 40 à 50 g à l'are.

— *Ecartement :* en lignes distantes de 30 cm.

Entretien. — Binages, sarclages, éclaircissage, mulching. L'éclaircissage se fait à 12-15 cm entre les plants, lorsqu'ils ont trois feuilles.

Récolte. — Les racines sont arrachées à partir d'octobre jusqu'à la période des grands froids. Si le temps le permet, on les laisse ressuyer quelques jours sur le terrain. On coupe ensuite les feuilles à 2 cm au-dessus du collet, ainsi que l'extrémité des racines lorsque leur longueur dépasse une vingtaine de centimètres.

Forçage. — Il existe plusieurs méthodes de forçage. Celle que nous donnons a l'avantage de ne nécessiter aucune installation particulière.

On creuse une tranchée de trente centimètres de profondeur dont on ameubli le fond. Les endives y sont placées debout, presque côte à côte (on laisse 2 ou 3 cm entre chaque racine), et de manière à ce que les collets soient tous à la même hauteur. Les interstices entre les racines sont comblées avec la terre de la tranchée. On recouvre ensuite les racines de 20 cm de terre bien meuble, si possible assez légère, et l'on recouvre le tout d'une couche de paille. Laissées telles qu'elles, les endives pousseront très lentement et seront bonnes à récolter seulement à la fin de l'hiver. Si l'on veut récolter des endives tout l'hiver, on met sur une partie de la tranchée (correspondant à ce que l'on veut récolter trois semaines ou un mois plus tard) 40 à 50 cm de fumier de cheval.

On peut également pratiquer le *forçage en cave*, qui donne toujours d'excellents résultats. Les racines sont disposées comme précédemment, dans un lit de sable, le tout étant recouvert d'une couche de sable d'une vingtaine de centimètres. Si la cave n'est pas trop froide, il sera inutile de mettre du fumier. A une température de 10 à 12° le forçage durera environ un mois et demi. On arrosera de temps en temps. On obtient des pommes très régulières et plus serrées qu'avec le forçage au fumier (les pommes ont tendance à s'écarter lorsqu'on chauffe par le dessus).

Si on pratique le forçage en cave, les racines seront conservées en silo en attendant d'être mises en cave.

Variétés. — Chaque sélectionneur a mis au point des variétés qui lui sont propres. On choisira une variété ne nécessitant pas de chauffage artificiel.

EPINARD

Climat. — L'épinard est sensible à la sécheresse, qui le fait monter à graine rapidement. C'est pourquoi les semis d'été donnent toujours des résultats médiocres. Par contre l'épinard résiste bien à des gelées assez fortes.

Sol et fumure. — L'épinard supporte mal les fumures organiques fraîches. Il réagit fortement aux apports d'azote, mais un apport excessif d'azote organique (fumier de poule, déchets d'abattoirs, etc.) a les mêmes conséquences qu'un apport d'azote minéral. Il peut notamment augmenter dans de fortes proportions la teneur des feuilles en nitrates, qui se transforment par la suite en nitrites toxiques.

Semis.

● *Semis de printemps.*
— *Date : mars-avril.*
— *Dose :* 300 g à l'are.
— *Ecartement :* en lignes espacées de 20 à 25 cm. Ces semis donnent des épinards qui montent à graine assez rapidement.

● *Semis d'automne.*
— *Date :* de la mi-août à fin septembre, même dose et même écartement que les semis de printemps. Il est possible en semant dans les tout premiers jours d'octobre d'avoir une levée de plants vigoureux qui passeront l'hiver et pousseront vigoureusement dès les premiers beaux jours.

Entretien. — Pour les semis d'août, un paillage est recommandé ; il permet de limiter les arrosages et d'assurer une levée plus régulière. La paille est retirée dès que les plantes sont bien levées. On fera ensuite un ou deux sarclages et on apportera une couche de mulch entre les rangs. Eclaircir en laissant 10 à 12 cm entre les pieds.

Récolte et rendement. — Les feuilles sont cueillies à la main en épargnant le bouquet central. Les épinards d'hiver donnent une récolte avant l'hiver (deux pour les premiers semis) et une ou deux récoltes au printemps.

Cultures associées. — Les épinards d'automne peuvent être associés à des poireaux, des céleris-rave, des pois, des fèves. Si l'on pratique une telle association il faut veiller à semer les épinards à un écartement suffisant (40 cm) pour pouvoir semer, au printemps, un rang de la culture intercalaire entre deux rangs d'épinards.

Variétés.

● *Epinards d'été* (semés au printemps) : épinard géant d'été ; épinard viking.

● *Epinards d'hiver :* épinard monstrueux de Viroflay ; épinard géant d'hiver.

ESTRAGON

Plante vivace, craignant l'excès d'humidité. Se multiplie par éclats de touffes. On plante les éclats en mars-avril, à 30 cm de distance.

On peut couper les tiges avant les fortes gelées et les mettre à sécher.

Pendant les grands froids, on abritera le pied avec des feuilles ou de la paille.

FENOUIL

Climat. — Plante méridionale, aimant la chaleur.

Sol et fumure. — Aime les sols riches en humus et bien réchauffés.

Semis.

— *Date :* de la mi-avril à la mi-juillet. Les semis réalisés trop tôt, lorsque le sol est insuffisamment réchauffé, lèvent mal et donnent des plants qui montent à graine prématurément. Les semis de juillet sont ceux qui donnent les meilleurs résultats.

— *Ecartement :* semer en lignes distantes de 30 cm. On peut aussi semer en pépinière et repiquer (un plant tous les 20 cm).

Entretien. — Eclaircir en laissant un plant tous les 15 cm ; butter plus ou moins selon que l'on veut une pomme plus ou moins blanche.

Cultures associées. — Le fenouil aurait une influence défavorable sur diverses cultures : haricots, tomates, chou-rave, etc.

Variétés : fenouil hâtive de Genève : pour les semis précoces (avril-mai) ; fenouil de Florence : pour les semis tardifs (juillet).

FEVE

Climat : craint la sècheresse.

Sol et fumure. — La fève est une plante rustique, qui s'accommode de sols médiocres. C'est une légumineuse, donc une plante précieuse pour enrichir le sol en azote. Elle constitue un excellent engrais vert.

Semis.

— *Date :* de fin février à la mi-mai.

— *Dose :* environ 6 kg à l'are.

— *Ecartement :* en lignes distantes de 30 à 40 cm, une graine tous les 10 à 15 cm.

Entretien.

Biner et butter légèrement pour lutter contre les mauvaises herbes et pour soutenir les tiges.

Les fèves sont presque toujours envahies par les pucerons. Le pincement des tiges permet de limiter cet envahissement. En cas de nécessité, on fera un traitement à la roténone.

Cultures associées. — Les mêmes que pour les haricots.

Récolte et rendements. — Pour être mangées fraîches, les fèves sont récoltées avant complète maturité. Les rendements sont de 200 à 300 kg de gousses à l'are.

Variétés : fève de Séville ; fève d'Aguadulce à très longue cosse ; fève précoce d'Aquitaine (surtout pour les régions méridionales).

FRAISIER

Climat. — Le fraisier s'adapte à des climats très variés, mais il craint l'excès d'humidité et de sécheresse. Il craint également les alternances de gel et de dégel, ainsi que les gelées printanières. On lui réservera donc un endroit abrité et bien exposé.

Sol et fumure. — Le fraisier aime les sols riches en humus, légèrement acides. Sa culture donne toujours de très bons résultats sur défriche de bois. Par contre, il craint les sols calcaires.

Production du plant. — La multiplication des fraisiers s'effectue par des filets détachés des stolons émis par les pieds-mères. On peut soit prélever les filets dans une plantation existante, soit les acheter dans le commerce. Les filets doivent être prélevés sur des pieds jeunes et vigoureux, et mis en pépinière en juin.

Plantation. — Les filets sont mis en place avec leur motte de fin juillet à septembre. On ne plantera en fin juillet et en août que si l'on peut arroser.

On plante à 30 cm sur des lignes distantes de 40 cm.

Entretien. — Binages et sarclages, suppression des stolons, paillage. Les stolons sont supprimés au fur et à mesure de leur formation. Le paillage est effectué après la floraison. En automne on fera un apport de compost en couverture.

Récolte. — Les fruits doivent être récoltés bien mûrs. Les rendements varient de 100 à 200 kg à l'are selon les variétés.

Variétés.

● Fraisiers des quatre saisons (remontants à petits fruits) :
— Reine des Vallées,
— Monstrueuse Caennaise,
— La Brillante (Vilmorin).

● Fraisiers remontants à gros fruits :
— Profusion,
— Saint-Claude,
— Sans rivale.

● Fraisiers à gros fruits non remontants.

Il est difficile de choisir parmi les très nombreuses variétés existantes. Certaines variétés à très gros fruits (par exemple Madame Moutot) doivent être éliminées en raison de leur médiocre saveur.

— Surprise des Halles : variété très hâtive et productive,
— Cambridge Favourite : hâtive et productive ; vient à maturité environ une semaine après Surprise des Halles,
— Marie-France : fruits de très bonne qualité,
— Red Gaunlet : fruits de très bonne qualité,
— Fertilité : rustique et productive,
— Talisman : tardive et très productive.

HARICOT

Climat. — Le haricot craint beaucoup le froid. Il ne germe que si la température du sol est supérieure à 10° et il est très sensible à la gelée. Il est donc inutile de tenter de semer trop précocement en pleine terre.

Sol et fumure. — Le haricot redoute particulièrement les terrains froids et humides ainsi que les sols trop calcaires. Il supporte mal les matières organiques peu décomposées. On peut se dispenser en général de tout apport organique. Un apport de cendres de bois, en couverture sur le sol après le semis, est particulièrement favorable au haricot.

Semis.

— *Date :*

● sous châssis ou sous plastique à bonne exposition, on peut semer à partir de fin mars - début avril.

● en pleine terre, on fera des semis échelonnés de début mai à la fin juillet. Les semis trop précoces risquent de mal lever, de végéter et sont bien souvent rattrapés par des semis effectués quinze jours plus tard, dans un sol plus réchauffé. Les semis effectués après le premier août risquent de geler avant maturité. On peut cependant tenter un semis tardif (début août) si l'on dispose de place : si le haricot gèle, il fournit du moins un bon engrais vert.

— *Dose :* environ 1,5 à 2 kg à l'are.

— *Ecartement :*

● *Haricots nains :* en lignes espacées de 40 cm, une graine tous les 3 à 4 cm. On peut également semer en poquets distants de 20 cm dans lesquels on met 5 ou 6 graines.

● *Haricots à rames :* en lignes espacées de 75 cm, une graine tous les 3 à 4 cm. Les graines sont semées à 2 ou 3 cm de profondeur. Pour accélérer la levée, on peut tremper les haricots pendant quelques heures dans de l'eau, mais dans ce cas il est indispensable de les semer dans une terre bien arrosée.

Entretien.

— *Haricots nains.* Les soins se limitent à des binages et à 1 ou 2 buttages. Ne pas butter trop tardivement car les plantes en souffriraient. Le haricot ayant la majeure partie de son système radiculaire très près de la surface, il faut travailler le sol le moins possible dès que la plante a atteint un certain développement, et se limiter en tout cas à un travail très superficiel (la majorité des racines se développe entre 2 et 5 cm).

— *Haricots à rames.* Mêmes façons culturales, avec en plus la pose des rames, effectuée une quinzaine de jours après la levée ; on met une rame tous les 25 cm, plantée à 5 ou 6 centimètres des plants, à l'extérieur. On utilise des rames de 2 à 2,50 m que l'on croise à leur sommet.

Récolte et rendement. — On récolte en moyenne 50 à 80 kg de filets à l'are. Les variétés à parchemin (qui donnent des fils en grossissant) doivent être cueillies tous les deux ou trois jours pendant la période des grosses chaleurs, car les filets grossissent extrêmement vite.

Cultures associées. — Le haricot peut être associé à de nombreuses cultures : pommes de terre, maïs, céleri, concombres, laitues.

Variétés. — Il est difficile de faire un choix parmi les très nombreuses variétés existant sur le marché. Nous n'en citerons que quelques-unes, mais cette liste n'est pas limitative. Nous nous limiterons aux variétés pour la consommation en vert.

— *Haricots à rame :*

● mangetout à cosse jaune (beurre) ; beurre Saint-Fiacre ; beurre or du Rhin ;

● mangetout à cosse verte : mangetout Saint-Fiacre ; mangetout Phénomène.

— *Haricots nains :*

● mangetout à cosse jaune (beurre) : beurre de Rocquencourt ; roi des beurres.

● mangetout à cosse verte : Saxa (hâtif) ; plein le panier ; Processor ;

● coco nain blanc (précoce), cultivé surtout pour la consommation de grains frais.

● haricots à parchemin : fin de Bagnols (hâtif) ; Maireau ou Marocain ; triomphe de Farcy (ces deux derniers sont des variétés rustiques) ; Myrto (cosses marbrées) ; Roi des Belges (hâtif).

LAITUE

Climat. — La laitue est sensible à la sécheresse et à la chaleur qui la font monter rapidement.

Sol et fumure. — La laitue n'a pas d'exigence particulière mais elle est très sensible à la teneur du sol en humus. Elle exige un terrain soigneusement préparé. Elle supporte mal la matière organique insuffisamment décomposée.

Semis.

— *Date :* pratiquement toute l'année en fonction des variétés, à condition de disposer de couches chaudes.

● en janvier-février on sèmera sous châssis (sur couche chaude) les variétés de printemps ;

● à partir de mars on sèmera en pleine terre les variétés de printemps, puis celles d'été. On peut récolter de la laitue tout l'été, mais les risques de montée à graine sont grands pendant les fortes chaleurs.

● en septembre on sèmera les laitues d'hiver, que l'on mettra en place en octobre à bonne exposition. On les récoltera au printemps suivant.

— *Dose :* on sème environ 3 à 4 g au mètre carré en pépinière, ce qui donne 500 à 600 plants.

Plantation : à 25 ou 30 cm en tous sens, selon les variétés.

Entretien. — Binage, sarclage, mulching et arrosage.

Cultures associées. — La laitue peut être plantée, en raison de son développement rapide, en culture intercalaire dans diverses cultures à développement lent : carotte, céleri, chou. On associe très souvent, surtout dans les cultures sous châssis, carottes, laitues et radis.

Variétés.

● *Laitues de printemps à semer sous châssis* : laitue gotte ; laitue Reine de Mai.

● *Laitues de printemps à semer en pleine terre* : laitue Reine de Mai ; Batavia dorée de printemps.

● *Laitues d'été et d'automne* : laitue du Bon Jardinier ; laitue Trocadéro ; laitue Lilloise ; Merveille des quatre saisons ; Batavia blonde de Paris ; Batavia beaujolaise.

● *Laitues d'hiver* : laitue Val d'Orge ; laitue Merveille d'hiver ; laitue Passion.

● *Laitues romaines* : romaine grise maraîchère (particulièrement adaptée à la culture sous châssis) ; romaine blonde maraîchère ; romaine Ballon.

● *Laitue à couper* : Laitue à couper feuille de chêne.

La laitue à couper est une laitue qui ne pomme pas ; on coupe les feuilles, qui repoussent continuellement. Elle permet d'avoir de la laitue pratiquement tout l'été. A la différence des autres laitues, on la sème généralement en place.

LENTILLE

Climat. — Préfère les climats frais.

Sol et fumure. — Redoute les sols très argileux et les fumures organiques fraîches.

Semis :

— *Date :* fin mars (dans le Midi, on sème dès l'automne).

— *Dose :* 1 kg à l'are.

— *Ecartement :* en lignes distantes de 30 à 35 cm ou en poquets (35 cm en tous sens, 6 graines par poquet).

Entretien. — Binage, sarclage et mulching.

Récolte et rendement. — Pour récolter les lentilles, on fauche les tiges avant que les graines ne soient complètement sèches et on laisse finir de sécher en grenier. Les tiges sont battues lorsque les graines sont bien sèches. Rendement : environ 150 à 200 kg l'are.

Variétés : Lentille large blonde (var. la plus répandue) ; lentille verte du Puy (plus petite et moins productive que la précédente, mais plus savoureuse) ; lentille verte Anicia (analogue à la précédente, mais de production plus régulière) ; lentille à la Reine et lentille petite rouge (petites mais savoureuses).

MACHE

Climat. — Plante rustique au froid, mais sensible à la chaleur.

Sol et fumure. — La mâche est une plante particulièrement rustique. Elle demande cependant :

— un sol propre, car elle est facilement envahie par l'herbe et son désherbage est long et fastidieux ;

— un sol meuble, mais ferme ; il ne faut pas ameublir le sol immédiatement avant le semis ;

— un sol maintenu humide en surface pendant toute la durée de la germination et de la levée.

Semis.

— *Date :* on sème la mâche de fin juillet à la mi-septembre. La mâche issue des premiers semis (fin juillet - début août) devra être consommée avant les grands froids car les rosettes bien développées sont plus sensibles au gel.

— *Dose :* 60 à 100 g à l'are.

— *Ecartement :* on sème souvent à la volée, mais nous pensons qu'il est préférable de la semer en lignes distantes de 15 à 20 cm ; cela facilite considérablement le désherbage.

Ouvrir des rayons larges et peu profonds, et y déposer les graines, peu serrées.

Entretien. — La levée de la mâche étant longue et les risques de sécheresse étant grands à l'époque des semis, il faut tout mettre en œuvre pour que les graines en germination ne manquent jamais d'eau. On protègera donc le semis à l'aide d'une légère couche de paille ou de tourbe (la tourbe sera déposée seulement sur le rang). Les seuls travaux d'entretien sont le désherbage et éventuellement des arrosages.

Cultures associées. — La mâche est très souvent semée dans des cultures de fin d'été et d'hiver à grand écartement : tomates, courges, concombres, choux et même poireaux. L'ombrage donné par la culture principale favorise la levée.

Récolte et rendement. — La mâche est très précieuse car elle permet d'avoir de la salade tout l'hiver. On peut récolter 50 à 80 kg à l'are. La récolte s'échelonne d'octobre à mars.

Variétés.

● *Mâche à grosses graines :* elle est surtout intéressante pour les premiers semis, car elle est plus sensible au froid que les autres variétés. Elle donne une mâche à grandes feuilles, facile à cueillir et à préparer, mais peut être un peu moins savoureuse que les autres.

● *Mâche verte d'Etampes :* c'est, à notre avis, la meilleure des variétés à petites graines.

MELON

Climat. — Le melon est très exigeant en chaleur. Sous le climat parisien, la réussite de cette culture est très difficile, à moins de disposer d'une serre, ou au moins d'un châssis. Il est d'autre part moins parfumé et plus sensible au parasitisme que sous les climats méditerranéens.

Sol et fumure. — Le melon, comme les autres cucurbitacées, est avide de fumure organique, mais elle doit être suffisamment décomposée.

Semis. — Semer en mars-avril sur couche chaude. Si l'on dispose d'une serre on peut semer dès février.

Plantation. — Planter fin mai, sous châssis, ou sous tunnel plastique, dans des poquets remplis de compost bien décomposé. On plante à 80 cm en tous sens.

Entretien. — La taille du melon est indispensable et peut se faire de diverses manières. En voici une :

1re taille : la tige principale est coupée au-dessus de la deuxième feuille ;

2e taille : les deux tiges secondaires émises par la plante sont coupées au-dessus de la sixième feuille ;

3e taille : les deux nouveaux rameaux (soit quatre rameaux en tout) sont taillés, lorsque les fruits sont noués, à la troisième feuille au-dessus du fruit. On ne laisse que deux à quatre fruits par pied.

Variétés : Cantaloup Charentais ; Cantaloup Bellegarde (variété très précoce).

MAIS SUCRE

Climat. — Le maïs est une plante aimant la chaleur, à ne pas semer avant que le sol soit suffisamment réchauffé.

Sol et fumure. — Le maïs s'accommode de sols très divers, à condition qu'ils soient bien ameublis sur une profondeur suffisante (une vingtaine de centimètres) et qu'ils aient une bonne teneur en humus.

Semis.

— *Date :* de la fin avril à la mi-juin. Il faut faire des semis échelonnés si l'on veut manger du maïs pendant un ou deux mois : la période pendant laquelle le maïs est bon à consommer est en effet très courte, surtout s'il fait chaud.

— *Dose :* environ 200 g à l'are.

— *Ecartement :* en lignes distantes de 50 cm, une graine tous les 15 à 20 cm sur la ligne.

Entretien. — Biner et butter légèrement pour lutter contre les mauvaises herbes. Ne pas biner trop tard, pour ne pas blesser le système radiculaire superficiel.

Cultures associées. — Le maïs peut être associé à de nombreuses cultures : haricots, pois, courges, concombres. Certains jardiniers sèment des haricots à rame avec le maïs, ce dernier servant de tuteur.

On peut également semer de la mâche ou un engrais vert (trèfle blanc) entre les rangs de maïs.

Récolte et rendement. — Le maïs sucré se récolte en septembre-octobre, avant maturité complète, lorsque le grain est au stade pâteux (le contenu du grain ne doit plus être liquide, mais ne doit pas être encore dur). On récolte un ou deux épis par pied.

Variétés : Golden cross Bantam ; golden Beauty.

Ces variétés sont les plus répandues actuellement ; il s'agit d'hybrides, très productifs, mais dont on ignore s'ils ont la même valeur nutritive que les variétés traditionnelles.

NAVET

Climat. — Le navet redoute beaucoup la sécheresse et la chaleur. C'est pourquoi on le cultive surtout au printemps et en automne. Il craint également les fortes gelées : il faut l'arracher avant les grands froids.

Sols et fumure. — Le navet est peu exigeant en matière de sol, mais les terres trop légères lui conviennent mal. Ne pas lui apporter des fumures organiques trop abondantes, car il se conserverait mal. Si la culture précédente a reçu une bonne fumure, on se bornera à un apport d'un mélange à base de phosphate et de roches siliceuses.

Semis.

— *Date :*
● semis de printemps sur couche : en février sur couche chaude, à la volée ou en ligne ;
● semis de fin d'été (pour la provision d'hiver) : en fin juillet-août.

— *Dose :* 30 à 40 g à l'are.

— *Écartement :* en lignes distantes de 20 à 30 cm ; (20 à 25 cm pour les semis sur couche).

Entretien. — Éclaircissage (à 10-15 cm selon les variétés), binage, sarclage, mulching. En cas d'attaques d'altise (fréquentes par temps chaud sur les plantes jeunes), traiter à la roténone.

Cultures associées. — Les navets peuvent être associés à des carottes, à des pois, à des salades.

Récolte. — Les navets de printemps ne doivent pas être cueillis trop tard car ils durcissent. Les navets d'hiver sont récoltés en octobre-novembre.

Variétés.

● *Pour la culture sous châssis :* navet à forcer Nantais ; navet de Milan rouge.
● *Pour semis de printemps en pleine terre :* navet de Croissy ; navet de Milan rouge.
● *Pour la provision d'hiver :* navet blanc dur d'hiver (variété longue, la plus résistante au froid) ; navet de Nancy à collet rouge (variété ronde) ; navet jaune boule d'or (variété ronde, de bonne conservation) ; rave d'Auvergne hâtif (variété ronde, très productive).

OIGNON

Climat. — Pas d'exigences particulières ; vient bien sous tous les climats.

Sols et fumures. — Craint les sols trop humides et trop acides. Craint beaucoup la matière organique fraîche. On apportera donc à l'oignon du compost très décomposé, ou pas de compost du tout, si le sol est suffisamment riche. L'oignon aime un sol ferme.

1. OIGNONS BLANCS.

Ce sont des oignons destinés à être consommés jeunes au printemps. Ils constituent un des premiers légumes verts de l'année.

Semis.

— *Date :* de la mi-août à début septembre, en pépinière.

— *Dose :* 5 g au mètre carré.

Plantation. — La mise en place a lieu lorsque les plants atteignent 15 cm, de la mi-octobre à début novembre au plus tard, en lignes espacées de 15 à 20 cm, 8 cm sur la ligne. Les plants sont faiblement enterrés (2 à 3 cm) et bornés fermement. Habiller les plants.

Semis en place de l'oignon blanc :
On peut également semer en place entre le 15 août et le 15 septembre des graines dans de petits sillons écartés de 15 cm. On laisse ensuite un seul plant tous les 10 cm.

Entretien. — Sarclages. En cas de grands froids, on recouvrira de feuilles ou de paille.

Récolte : d'avril à juin.

Variétés.

Oignon blanc hâtif de Paris ; oignon blanc très hâtif de Vaugirard ; oignon blanc extra hâtif de Malakoff.

2. OIGNONS DE CONSERVATION HIVERNALE (oignons de couleur).

Deux méthodes sont possibles :
— soit le semis ;
— soit la plantation de petits bulbes achetés dans le commerce.

La seconde méthode donne des oignons plus gros, mais de moins bonne conservation.

● *Production par semis.*

— *Date :* fin février à début avril, en place.
— *Dose :* 300 g à l'are.
— *Ecartement :* en lignes espacées de 20 à 25 cm.

Entretien : Eclaircissage à 7-8 cm sur la ligne et sarclages. Les plants en surnombre peuvent être repiqués sur une nouvelle planche. Les oignons sont facilement envahis par l'herbe, car leur végétation démarre lentement. Il faudra donc faire des sarclages précoces. Veiller à ne pas trop recouvrir les bulbes de terre, car ils se formeraient mal.

Récolte et rendement. — Récolte en août-septembre, lorsque les fanes sont complètement desséchées. Laisser les oignons ressuyer au soleil une journée avant de les rentrer. Rendement : 300 kg à l'are.

● *Production par plantation de petits bulbes.*
Plantation.

— *Date :* fin février-début mars.
— *Dose :* environ 10 kg de bulbes à l'are.
— *Ecartement :* en lignes distantes de 20 cm, un bulbe tous les 12 cm.

Les bulbes sont enfoncés avec le doigt à 2 ou 3 cm de profondeur.

Entretien : binages et sarclages.

Ce mode de culture ne pose pas les problèmes d'envahissement par l'herbe décrits ci-dessus.

Il faut se garder d'arroser l'oignon, sauf les années exceptionnellement sèches. On peut coucher les tiges avec le dos d'un râteau environ 15 jours avant la récolte.

Récolte : en juillet-août, dans les même conditions que ci-dessus. Eviter d'enlever les feuilles sèches qui entourent le bulbe, car cette protection aide à la bonne conservation.

Cultures associées. — Les oignons peuvent être associés avec des betteraves, des carottes (ce qui éloignerait à la fois la mouche de l'oignon et la mouche de la carotte), des laitues. Par contre le voisinage des oignons serait défavorable aux pois et aux haricots.

Variétés : jaune paille des Vertus (variété la plus répandue, de très bonne conservation) ; jaune de Mulhouse (bulbes à repiquer) ; rouge de Brunswick (bonne conservation) ; géant d'Espagne (ou jaune de Valence) pour le Midi seulement.

OSEILLE

Climat. — Pas d'exigences particulières, mais l'oseille est moins acide lorsqu'elle pousse à l'ombre.

Sol et fumure. — Pousse dans tous les sols, mais craint les terres trop calcaires. Aime les sols riches en humus.

Semis. — L'oseille se sème généralement en bordure, de mars à juin. On peut aussi semer en pépinière et repiquer à 15 cm d'intervalle. L'oseille peut également se reproduire par éclats de touffe, mis en place en mars ou avril.

Entretien. — Binage, sarclages, éclaircissage et mulching. Une plantation d'oseille dure plusieurs années.

Récolte. — On coupe les feuilles au fur et à mesure de leur développement.

Variétés : oseille large de Belleville ; oseille blonde de Lyon ; oseille vierge (ne donne pas de graines, se reproduit par éclats de touffe) ; oseille épinard (la moins acide de toutes).

PANAIS

Le panais est un légume injustement méconnu, qui parfume agréablement les soupes.

Climat. — Plante sans exigences particulières, très résistante au froid mais un peu sensible à la sécheresse.

Sol et fumure. — Aime les sols profonds. Supporte mal les fumures organiques fraîches.

Semis.

— *Date :* de février à juin, en place.

— *Dose :* 100 g à l'are.

— *Ecartement :* en lignes espacées de 30 cm.

La levée est lente et capricieuse. Il faut veiller à maintenir la terre humide tant que la plante n'a pas plusieurs feuilles. D'autre part les graines perdent leur faculté de germination très rapidement : il faut semer des graines de 1 an.

Entretien. — Binage, sarclarge et mulching entre les lignes. On a intérêt à semer quelques graines de radis avec le panais, de manière à pouvoir faire un sarclage précoce.

Récolte. — Les panais peuvent être laissés en terre tout l'hiver ou récoltés en automne et mis en silo.

Conservation. — Les panais arrachés en novembre peuvent hiverner en cave ou en silo.

Variétés : Panais rond (hâtif), conseillé pour son goût plus fin ; panais demi-long de Guernesey.

PERSIL

Climat. — Pas d'exigences particulières, mais redoute la gelée et la sécheresse.

Sol et fumure. — Pousse dans pratiquement tous les sols, sauf les sols trop argileux ou trop caillouteux.

Semis : de mars à fin juillet.

La levée du persil est très longue : environ un mois. Pour hâter la levée, on peut mettre les semences à tremper pendant deux jours dans de l'eau, puis les laisser ressuyer pendant une heure (à l'ombre) avant de les semer. On a intérêt à pailler les semis tardifs.

Entretien. — Prendre garde de ne pas laisser envahir le persil par l'herbe au début de son développement.

Pour avoir du persil tout l'hiver, faire un semis en juillet et le protéger par des paillassons lors des grands froids.

Variétés : persil commun ; persil frisé (moins parfumé que le persil commun).

PIMENT ET POIVRON

La culture du piment est pratiquement identique à celle de l'aubergine (voir page 129). C'est une culture difficile à réussir dans la moitié nord de la France, à moins de disposer d'une serre.

Variétés.

● *Piments brûlants* : piment rouge long ordinaire ; piment de Cayenne (plus fort que le précédent).

● *Poivrons* (à saveur douce) : poivron doux long des Landes (précoce, peut être cultivé dans la région parisienne ; poivron carré d'Amérique (précoce) ; poivron doux d'Espagne (moins précoce que les précédents).

PISSENLIT

Climat. — Plante rustique n'ayant pas d'exigences particulières.

Sol et fumure. — Plante peu exigeante, craignant toutefois les sols calcaires.

Semis.

— *Date :* d'avril à la mi-juin en pépinière ou en place. Au potager famillial, le semis en pépinière est préférable.

— *Dose :* 2 g au mètre carré en pépinière ou 100 g à l'are en place.

La levée est longue et capricieuse. On recouvrira le semis de terreau pour s'assurer une meilleure levée et on maintiendra le sol humide. Un paillage ou une fine couche de tourbe empêcheront l'évaporation de l'eau.

Plantation en lignes distantes de 30 cm à 8 ou 10 cm de distance sur la ligne.

Entretien. — On peut couper les feuilles une ou deux fois dans le courant de l'été, pour la nourriture des animaux ou pour faire du mulch, mais ce n'est pas indispensable.

Blanchiment. — On peut manger les pissenlits verts tels qu'ils poussent à la sortie de l'hiver — c'est la manière la plus naturelle. On peut aussi les faire blanchir, soit en recouvrant les pissenlits de 10 à 15 cm de terre à l'automne (après avoir supprimé toutes les grandes feuilles), soit en disposant deux planches sur la ligne, en forme de toit, soit encore en recouvrant les pieds avec des pots renversés quelques temps avant de les consommer.

Récolte. — De janvier à la fin mars. Pour récolter plus tôt, on peut pratiquer le forçage en cave ou sous châssis, comme pour la barbe de capucin (voir chicorée sauvage).

Variétés : pissenlit ordinaire ; pissenlit à cœur plein amélioré (cœur plus serré que le pissenlit ordinaire).

POIREAU

Climat. — Le poireau est une plante particulièrement résistante au froid, ce qui lui permet de passer l'hiver en terre. Lors des hivers très rigoureux il peut arriver que le poireau soit détruit par le gel, mais c'est très rare sous nos climats.

Sol et fumure. — Le poireau est une plante exigeante, qui demande des fumures organiques abondantes. Il supporte mal des composts peu décomposés, mais se trouve bien de légers apports de purin (traité comme nous l'avons dit précédemment). Mais il faut prendre garde de ne pas exagérer ces apports car les poireaux deviendraient la proie des maladies et parasites et se chargeraient de nitrites, tout comme avec des engrais azotés chimiques.

Semis.

— *Date :*

a) dès janvier semer sur couche chaude (mise en place en mars) les variétés hâtives à récolter en juin-juillet.

b) sous châssis, en mars, les variétés précoces ; récolte d'août à novembre.

c) en pleine terre, en mai, pour récolter de décembre à avril.

d) pour récolter au printemps semer le 15 septembre. En ce qui concerne ces semis, semer clair, en place, et éclaircir à 5 cm. Protéger des grands froids avec une litière de paille ou de feuilles. Récolte en mai-juin de petits poireaux, dits « poireaux baguette ».

— *Dose :* on sème environ 10 g pour 1 mètre carré de pépinière, ce qui donnera les plants nécessaires pour 20 mètres carrés. On peut également semer les poireaux en place mais cela immobilise une assez grande surface, le poireau ayant un cycle végétatif assez long.

Plantation. — Les poireaux sont presque toujours semés en pépinière puis repiqués. Quand les plants ont à peu près la grosseur d'un crayon, on les arrache à la fourche, on les réunit en petites bottes et on raccourcit à la serpette en coupant la moitié des racines et la moitié des feuilles.

— *Ecartement :* on plante à 25-30 cm entre les lignes, un poireau tous les 8 à 10 cm.

Entretien. — Binage et désherbage avec un léger buttage pour recouvrir les mauvaises herbes sur le rang et favoriser le blanchiment. En cas de forte attaque du ver du poireau, faire un traitement à la roténone. Mais ces attaques sont rares dans les jardins biologiques bien tenus.

Cultures associées. — Le poireau peut être associé avec des épinards, de la laitue, du céleri, des carottes. L'association poireau-carottes hâtives paraît particulièrement intéressante et efficace contre le ver du poireau et la mouche de la carotte.

Récolte et rendement. — Les rendements sont de l'ordre de 400 à 500 kg à l'are. On peut récolter des poireaux pratiquement pendant toute l'année. La seule précaution à prendre en hiver est d'en arracher un peu d'avance si l'on prévoit une période de gel prolongée.

Variétés :

Pour semis a) : poireau gros court d'été ; poireau géant précoce.

Pour semis b) : poireau jaune du Poiteau ; poireau monstrueux de Carentan ; poireau monstrueux d'Elbeuf ; poireau Malabare.

Pour semis c) : poireau géant amélioré de Saulx ; poireau monstrueux d'Elbeuf ; poireau Malabare ; poireau très gros de Rouen ; poireau de Gennevilliers ; poireau de Liège (très résistant au froid) ; poireau bleu de Solaise ; poireau long de Mézières ; poireau monstrueux de Carentan.
Pour semis d) : poireau long d'hiver de Paris.

POIS

Climat. — Le pois est relativement résistant au froid ; il supporte de faible gelées et germe à une température relativement basse, ce qui permet de le semer de bonne heurre. Mais il craint beaucoup la sécheresse, ce qui interdit pratiquement sa culture pendant les mois les plus chauds.

Sol et fumure. — Le pois n'est pas très exigeant, mais il redoute les sols trop humides et les sols franchement calcaires. Il supporte mal une fumure organique peu décomposée. Comme toutes les légumineuses, il enrichit le sol en azote. Il aime les sols bien ameublis en profondeur.

Semis.

— *Date :*

● en mars-avril ; c'est la meilleure époque pour le semis des pois. On peut encore semer jusqu'au 15 mai, mais les pois risquent de souffrir de la chaleur.

● de la mi-juillet au 1er août, on peut faire un semis pour avoir des pois en automne, mais c'est une culture un peu aléatoire.

— *Dose :* 1,5 kg à 2 kg à l'are.

— *Ecartement.*

Pois nains : en lignes espacées de 35 cm, un pois tous les 2 à 3 cm. Les grains doivent être recouverts de 2 à 3 cm de terre.

Pois à rame : en lignes espacées de 60 cm.

Entretien : généralement deux binages, le second étant accompagné d'un léger buttage. Placer les rames comme pour les haricots.

Cultures associées. — Les pois peuvent être associés aux radis, aux carottes, aux concombres, au maïs, aux navets, aux pommes de terre ; il semble que de nombreuses plantes cultivées en rang alternées avec les pois (ou avec les haricots) bénéficient de l'azote fixé par ces derniers. Le pois serait inhibé par les oignons, l'ail et les échalottes.

Récolte et rendement. — On obtient environ 100 kg de cosses à l'are. Les pois doivent être cueillis au fur et à mesure de leur maturité, lorsque les cosses sont bien pleines, car ils durcissent rapidement.

Variétés. — Elles se divisent en variétés à grain rond, plus rustiques au froid, utilisées pour les premiers semis, et en variétés à grain ridé, qui durcissent moins rapidement et donnent des grains plus gros : on les utilisent pour les semis de pleine saison (à partir de la mi-mars).

● *Variétés à grain rond.*

— Nains : Primavil (très hâtif, chez Vilmorin) ; Arabal (très hâtif, chez Clause) ; très hâtif d'Annonay (hâtif) ; Plein le panier ; Petit Provençal.

— *A rames :* express à longues cosses (hâtif) ; express Alaska.

● *Variétés à grain ridé.*

— *Nains :* Merveille de Kelvedon (hâtif) ; Centurion ; Onward ; Lincoln.

— *A rames :* Sénateur (demi-hâtif) ; Thomas Lexton (hâtif) ; Alderman ou Roi des Halles (très productif) ; Téléphone à rames.

POMME DE TERRE

Climat. — La pomme de terre se cultive sous presque tous les climats. Elle est sensible au gel, aussi les plantations précoces doivent-elles être protégées si l'on craint encore des gelées alors que les feuilles des premières pommes de terre sont sorties de terre.

Sol et fumure. — La pomme de terre exige des fumures organiques importantes et elle s'accommode assez bien de compost relativement frais. Les pommes de terre primeurs devront être plantées de préférence dans des terres légères, se réchauffant rapidement au printemps.

Plantation. — La plantation de pommes de terre *prégermées* est la meilleure méthode : elle donne une récolte plus précoce et de meilleurs rendements. On peut acheter les pants prêts à planter, ou les faire germer soi-même. La seconde méthode est nettement plus économique, et elle permet d'utiliser des plants provenant de sa propre production. Il est cependant prudent de ne pas replanter plusieurs années de suite du plant prélevé sur sa récolte tant que l'on n'a pas un sol en très bon état biologique : les pommes de terre risqueraient de dégénérer. Mais lorsqu'on a un sol réellement équilibré, ce risque disparaît. Un tel sol se reconnaît à sa structure grumeleuse stable et surtout à l'abondance et à la qualité des récoltes, ainsi qu'à la rareté des attaques parasitaires.

Le plant doit être mis à germer dans un local éclairé (sans excès), correctement aéré, à l'abri du gel.

Les plants sont placés sur des clayettes, le germe en haut.

— *Date :*

● *Culture précoce :* planter fin mars, à bonne exposition. Prévoir si possible des paillassons ou de la paille pour protéger les jeunes pousses des gelées tardives.

● *Cultures de pleine saison :* planter courant avril.

— *Dose :* 20 à 30 kg à l'are, selon la grosseur du plant.

— *Ecartement et profondeur :* planter en lignes espacées de 50 cm, à 40 cm sur la ligne pour les variétés hâtives et à 45 ou 50 cm pour les variétés tardives.

Les pommes de terre sont plantées à 10 - 12 cm de profondeur dans des poquets, et recouverts de 6 à 8 cm de terre.

— *Entretien :* binage et buttage. Eviter les binages trop profonds qui blesseraient les racines.

Parasitisme. — Les deux parasites les plus redoutables de la pomme de terre sont le mildiou et le doryphore.

— En cas d'attaque de doryphore faire un traitement à la roténone.

— En cas d'attaque de mildiou faire immédiatement un traitement à la bouillie bordelaise. Toutefois si cette attaque survient en fin de végétation, ce qui est souvent le cas pour les variétés hâtives, on peut se dispenser de tout traitement ; le rendement n'en sera que peu affecté, et les tubercules ne sont généralement pas atteints.

Cultures associées. — Les pommes de terre hâtives peuvent être associées à des haricots, des pois, des choux, du maïs.

Récolte et rendement. — On peut généralement commencer à récolter les variétés hâtives dès la fin juin (sous le climat parisien). Les variétés tardives sont récoltées en septembre. Les pommes de terre sont à maturité lorsque les fanes se dessèchent. Les rendements varient de 200 à 400 kg à l'are selon les variétés.

Variétés. — Les variétés de pommes de terre sont extrêmement nombreuses, et il est difficile de faire un choix. Nous citerons celles qui nous paraissent les plus intéressantes.

● *Belle de Fontenay :* une des variétés les plus hâtives et une des meilleures du point de vue gustatif. Rendement assez faible.

● *Sirtéma :* très hâtive et productive, mais de qualité gustative très moyenne.

● *Esterling :* bonne variété hâtive.

● *Viola :* variété hâtive et productive, d'excellente qualité gustative, un peu sensible au mildiou.

● *Valdor* : bonne variété semi hâtive, assez résistante au mildiou.

● *Roseval* : variété à peau rose, d'excellente qualité gustative, peu productive.

● *BF 15* : bonne variété demi-hâtive.

● *Bintje* : variété très productive, de qualité gustative moyenne.

RADIS

Climat. — Le radis redoute la sécheresse et l'excès de chaleur qui lui donnent une saveur forte et le font se creuser rapidement.

Sol et fumure. — Les radis poussent dans pratiquement tous les sols, mais leur saveur est fortement influencée par la nature du terrain et par les plantes auxquelles ils sont associés. Ils sont presque toujours forts et piquants lorsqu'ils ont poussé dans un sol pauvre en humus.

1. Culture forcée.

Le radis est le premier légume de printemps que l'on peut récolter, en raison de sa végétation très rapide.

Semis. — En janvier-février à la volée sur couche chaude.

Entretien. — Eclaircir si le semis est trop serré, recouvrir les châssis de paillassons par grands froids.

2. Culture en pleine terre (radis de tous les mois).

Semis. — De mars à octobre, à la volée ou en lignes distantes de 15 cm. On sème 300 à 500 g à l'are.

Entretien : Arroser régulièrement en période de sécheresse, faute de quoi les radis deviennent piquants.

3. RADIS D'HIVER.

— *Date* : juin-juillet.

— *Dose* : 60 g à l'are.

— *Ecartement* : en lignes distantes de 30 cm.

Entretien. — Binage, sarclage, éclaircissage et mulching. Eclaircir à 15 cm sur le rang.

Cultures associées. — En raison de leur végétation rapide, les radis peuvent être associés à de nombreuses plantes à développement plus lent : carottes, salades, pois, haricots, choux. L'association avec les pois ou les carottes est particulièrement favorable. L'association avec de la laitue ou du cresson a une influence favorable sur le goût des radis, qui sont savoureux sans être piquants. Au contraire, la proximité du cerfeuil donne des radis très forts.

Variétés.

Culture forcée : radis à forcer rond écarlate hâtif ; radis Prélude ; radis d'Orléans ; radis Gaudry.

Radis de tous les mois : radis National ; radis Pernot ; radis de Sézanne (lent à se creuser, intéressant pour les semis d'été) ; radis rond écarlate.

Radis noirs : radis noir gros long d'hiver de Paris (le plus cultivé) ; radis violet de Gournay.

Récolte. — Les radis noirs doivent être arrachés avant les grands froids et conservés en silos.

RAIFORT

Climat. — Plante rustique au froid, craignant l'excès de chaleur et de sécheresse.

Sol et fumure. — Aime les sols profonds et riches en humus.

Semis et plantation. — Se reproduit par semis (en mars-avril) ou par plantation de racines (même époque). (Quelques pieds étant suffisants au jardin familial, on a intérêt à se procurer une racine que l'on divise en quelques fragments.) On sème ou on plante en rangs distants de 30 cm.

Entretien. — Binage, sarclage, mulching et éclaircissage à 15 cm.

Récolte et rendement. — Récolte à partir de l'automne. Les racines peuvent être laissées en terre pour être récoltées, plus grosses, la deuxième année. Rendement environ 200 kg à l'are.

Le raifort est une plante condimentaire, au goût fort et piquant, que l'on peut consommer râpé, en petites quantités, avec d'autres crudités.

RHUBARBE

Plante vivace, demandant un sol riche en humus. On reproduit de préférence par division de touffe. Les éclats sont mis en place en avril-mai, à 1,20 m de distance.

Entretien. — Supprimer les tiges florales dès leur apparition. Un binage vers l'automne, un autre vers fin mars.

Récolte. — Elle commence à partir du mois de mai de l'année suivante. On récolte les « côtes » de la rhubarbe, qui sont en fait les pétioles des feuilles. En raison de son acidité, la rhubarbe ne se mange qu'en compote ou en confiture.

Variétés. — Mitchell's royal Albert et rhubarbe rouge hâtive de Tobolsk ; Victoria (tardive).

SALSIFIS

Climat. — Aime la chaleur.

Sol et fumure. — Les terres d'alluvion, profondes et riches en humus lui conviennent le mieux. Il redoute les fumures organiques insuffisamment décomposées.

Semis (en place).

— *Date :* de début avril et jusqu'au 15 mai. La levée étant capricieuse, il est prudent de pailler le semis. On retire le paillis lorsque les plantes ont levé.

— *Dose :* 100 à 200 g à l'are.

— *Ecartement :* 20 à 30 cm entre les lignes.

Entretien. — Binages, sarclages, mulching et éclaircissage à 6 ou 7 cm sur le rang.

Récolte. — On peut récolter dès septembre et pendant tout l'hiver si on protège le sol des gelées avec de la paille. Dans les régions froides, on peut aussi arracher en novembre et conserver en cave dans du sable pour les consommer selon les besoins.

Rendement : 150 à 200 kg à l'are.

Variété : Salsifis Mammouth à très grosse racine.

SCORSONERE
(ou salsifis noir)

Mêmes exigences que le salsifis, mêmes soins culturaux, mais plante plus rustique et plus productive que le salsifis.

Semis : en mars-avril pour récolter l'année du semis ; de mai à juillet pour récolter l'année suivante. Dans les régions chaudes, on peut semer en décembre et janvier.

Entretien. — Binages, etc, comme pour le salsifis. Couper les tiges florales qui pourraient se développer. Selon certains auteurs, la montée à graines n'aurait pas d'influence sur le développement de la racine et ne nuirait pas à sa tendreté. Lorsque la tige a mûri ses graines, elle se dessèche et ensuite des rejets poussent au collet qui permettent à la plante de poursuivre sa végétation.

Variété : Scorsonère géante noire de Russie.

SOJA

Climat. — Plante exigeante en chaleur.

Sol et fumure. — Mêmes exigences que le haricot.

Semis.

— *Date :* première quinzaine de mai.

— *Dose :* 0,200 à 0,600 kg à l'are selon la variété.

— *Ecartement :* en lignes distantes de 50 cm, un pied tous les 15 cm.

Entretien. — Binage, sarclage et buttage.

Récolte et rendement. — Pour la consommation immédiate, on cueille les gousses avant maturité complète. Pour la consommation des grains secs, on arrache les pieds lorsque les gousses sont sèches et on les laisse pendus au grenier jusqu'à dessication complète. *Rendement :* 20 à 30 kg à l'are.

Variétés. — Le problème des variétés est encore, à notre connaissance, mal résolu en France. Les variétés cultivées en Extrême-Orient pour la consommation humaine sont trop exigeantes en chaleur pour supporter certaines années le climat de la moitié nord de la France. Quant aux variétés fourragères d'origine américaine, elles n'ont pas les mêmes qualités gustatives ni, probablement, diététiques.

Pour le climat parisien, certains recommandent le soja ordinaire à grain jaune. Il reste à chacun d'essayer les variétés qu'il peut se procurer et qui lui conviendront sur le plan gustatif.

TETRAGONE

La tétragone est un légume qui remplace avantageusement l'épinard pendant les mois d'été.

Climat : plante exigeante en chaleur, mais résistant bien à la sécheresse.

Sol : pousse sur tous les sols, mais ne donne une production abondante que dans les sols riches en humus.

Semis : Les graines de tétragone germent très lentement. On a intérêt à les faire tremper pendant une journée dans l'eau avant de les semer.

● *Semis sur couche, sous châssis :* fin mars-début avril, de préférence en godets ou en pots dans lesquels on sème 2 ou 3 graines.

● *Semis en pleine terre :* en mai, en poquets remplis de terreau ou de compost très décomposé, à raison de 3 ou 4 graines par poquet. Les poquets sont espacés de 80 cm en tous sens.

Les plants semés sur couche sont mis en place en pleine terre de la même manière.

Entretien. — Apporter sur le sol une bonne couche de mulch et arroser régulièrement.

Récolte. — On cueille les feuilles une à une au fur et à mesure de leur développement ; couper les extrémités des tiges qui auraient tendance à monter.

Variété : tétragone cornue.

THYM

Plante vivace, à cultiver à bonne exposition.
Se multiplie par semis ou par éclat de touffes.
Plantation : en mars on plante un éclat de touffe tous les 15 cm.
Semis : on sème d'avril à juin, en ligne, généralement en bordure. Récolte à partir de juin-juillet.

TOMATE

Climat. — Plante très exigeante en chaleur. Les plants doivent être produits sous châssis et ne doivent pas être plantés en pleine terre trop tôt.

Sol et fumure. — La tomate pousse sur des sols très variés, mais dans les climats froids elle préfère les sols légers, qui se réchauffent plus rapidement. La tomate exige des fumures organiques abondantes ; elle supporte des composts peu décomposés.

Semis : sur couche chaude en mars-avril. Il est inutile de semer trop tôt car les plants souffriraient du froid (à moins de disposer d'une serre).

Repiquage et mise en place. — On pratique généralement un repiquage lorsque le plant a 4 à 5 feuilles, de préférence en godets ou en pots, ou encore sur couche, à 10 cm d'intervalle.

La mise en place en pleine terre s'effectue à partir du 15 mai, en lignes espacées de 70 cm, à 50 cm de distance sur la ligne.

Les plants doivent être enterrés profondément, de préférence dans des poquets remplis de compost bien décomposé ou de terreau.

Entretien. — On recouvre le sol d'une couche de mulch aussitôt après la plantation. Lorsqu'on a une planche déjà couverte de mulch, on peut se contenter d'écarter le mulch aux emplacements où les poquets sont creusés.

Tuteurage. — Il est indispensable de tuteurer les tomates. On peut soit mettre un tuteur à chaque pied, soit palisser sur deux rangs de fil de fer tendus entre des piquets plantés tous les 4 à 5 m.

Les tiges sont attachées (avec du raphia) suffisamment lâche pour qu'elles ne soient pas gênées dans leur développement.

Taille. — Il existe plusieurs méthodes de taille. Nous indiquerons la méthode dite à deux bras, qui est la plus généralement pratiquée. On laisse se développer deux tiges principales que l'on pince au-dessus du troisième bouquet de fleurs. Toutes les tiges secondaires poussant à l'aisselle des feuilles ou à la base du pied sont supprimées au fur et à mesure de leur apparition.

Lutte contre le mildiou.

— *Moyens préventifs :*
ne pas mouiller le feuillage (arroser au pied) ;
traiter avec la décoction de prêle (voir p. 84) ;

introduire un fil de cuivre qui traverse le bas de la tige, fil sortant à peine de chaque côté de la tige ;

effectuer des poudrages de roches silicieuses broyées (tamis 300 à 400).

— *Moyen curatif :* traiter avec une préparation à base de cuivre (l'acétate de cuivre ou la bouillie bordelaise).

Récolte. — Ne cueillir les tomates que lorsqu'elles sont bien mûres. En fin de saison, supprimer les feuilles du bas pour accélérer la maturation. Avant les premières gelées, cueillir tous les fruits restants et les entreposer à l'abri du gel. Au fur et à mesure des besoins, les mettre dans un local chauffé pour les faire mûrir. On peut également arracher le pied avec les tomates restantes et les suspendre, racines en haut, ou encore les coucher sur de la paille sous châssis, ou dans un local à l'abri du gel.

Rendement : 400 à 600 kg à l'are.

Cultures associées. — L'association avec les choux semble particulièrement bénéfique. On peut aussi semer entre les rangs un engrais vert (trèfle blanc nain, gesse chiche), ou encore de la mâche.

Variétés : tomate de Marmande (variété la plus répandue) ; tomate St-Pierre (production plus prolongée que la Marmande) ; tomate Roma (fruit allongé) ; tomate Fournaise (variété la plus précoce).

TOPINAMBOUR

Climat. — Plante rustique et résistante au froid.

Sol et fumure. — Plante peu exigeante s'accommodant de sols pauvres.

Plantation. — Planter les tubercules en mars, en lignes distantes de 60 cm, à 40 cm sur la ligne, à 8 cm de profondeur.

Entretien : binage et sarclage.

Récolte : de novembre à avril, au fur et à mesure des besoins. On laisse les tubercules en terre tout l'hiver ; récoltés à l'automne ils flétriraient. On peut cependant les conserver un certain temps dans des silos conçus spécialement (voir p. 116 et 118).

Rendement : 200 à 300 kg à l'are.

QUELQUES CARACTERISTIQUES
DES PRINCIPAUX LEGUMES

Légume	Faculté germinative (en années)	Durée de la germination (en jours)		Durée moyenne de la culture (en jours)
		sur couche	en pleine terre	
Artichaut	6 à 10	8 à 10	15	
Asperge	4 à 5	15	30	
Aubergine	6 à 7	6 à 8		140 à 160
Bette	5	5 à 6	6 à 8	60
Betterave	6 à 10	4 à 5	6 à 8	90 à 120
Carotte	4 à 5	4 à 6	15 à 25	65 à 100
Céleri à côtes	8	6 à 8	20	160 à 190
Chicorée frisée et				80 à 120
scarole	8 à 10	2	5 à 8	210 à 280
Chicorée sauvage	5 à 6		5 à 8	
Chou pommé	6 à 8	3	4 à 5	100 à 150
Chou-fleur	5 à 6	4	6	140 à 200
Chou de Bruxelles	5 à 6	3	5	180 à 300
Concombre	8	3 à 4	6 à 8	80 à 120
Epinard	5		10 à 12	50 à 120
Fève	6		8 à 12	90 à 100
Haricot	3		5 à 8	70 à 80
Laitue	4	3 à 5	6 à 8	60 à 90
Mâche	5		8 à 30	60 à 180
Melon	8 à 10	5 à 8	9 à 12	110 à 150
Navet	4 à 5	2 à 3	4 à 12	50 à 80
Oignon	2	5 à 6	10 à 20	110 à 130
Panais	1		10 à 20	140 à 160
Pissenlit	2		12 à 14	200 à 300
Poireau	2		5 à 6	120 à 150
Pois	3		6 à 15	105 à 130
Radis rose	3 à 6	2	3 à 4	20 à 30
Radis noir	3 à 6		6 à 8	90 à 110
Salsifis	2		8 à 10	170 à 200
Scorsonère	2		15 à 20	170 à 200
Tétragone	4 à 6	8 à 15	15 à 25	65 à 130
Tomate	4	5 à 6	6 à 10	110 à 160

TROISIEME PARTIE

LES TRAVAUX DE CHAQUE MOIS

JANVIER

Semis en pépinière :

— *Sous châssis, sur couche chaude* (fin janvier).
Carotte (variétés à forcer)
Chou-fleur (variétés hâtives)
Laitue (variétés de printemps)
Navet (variétés à forcer)
Poireau
Radis (variétés à forcer).

— *En place :* néant.

Plantation et repiquage.

— *Sous châssis, sur couche chaude.*
Chou-fleur (semé en octobre).

— *En pleine terre.*
Ail (en terre légère seulement).

Entretien et travaux divers.

Surveiller les couches chaudes : aérer, renouveler éventuellement les réchauds, mettre des paillassons la nuit, et éventuellement le jour lorsque les plantes ne sont pas encore levées.

Monter une nouvelle couche chaude pour les semis de février.

Recouvrir les pissenlits de terre si on veut les faire blanchir. Forcer les racines d'endives et, éventuellement, de barbe de capucin et de pissenlit. Surveiller les artichauts (protection contre le gel et l'excès d'humidité). Abriter les légumes craignant les gelées (épinards, oseille, persil, cerfeuil) à l'aide de paille, paillassons, fougères, branchages, etc.

Récolte.

Carotte
Chicorée et scarole (protégées par un châssis)
Chou d'hiver
Endive
Epinard (protégé par un châssis)
Mâche
Pissenlit (mis à forcer en novembre-décembre)
Poireau
Salsifis et scorsonère
Topinambour

Autres légumes disponibles (récoltés précédemment).

Carotte, céleri-rave, betterave rouge, navet, panais, pomme de terre, ail, oignon, échalotte, potiron, radis noir.

FEVRIER

Semis en pépinière :

— *Sous châssis, sur couche chaude.*
Carotte (variétés à forcer)
Céleri-rave et céleri à côtes.
Chou (variétés hâtives)
Chou-fleur
Concombre
Laitue de printemps
Melon
Navet
Aubergine
Piment
Poireau
Radis
Tomate
Basilic

— *En pleine terre.*
Fève (fin février)
Oignon »   »
Pois   »   »

Plantation et repiquage.

— *Sous châssis, sur couche chaude.*
Chou-fleur (variétés de printemps).

— *En pleine terre.*

Ail
Echalotte
Oignon blanc
Oignon de couleur (bulbe)

Entretien et travaux divers.

Surveiller les couches chaudes (comme en janvier). Faire blanchir les pissenlits (éventuellement). Forcer l'endive, le pissenlit et la barbe de capucin. Surveiller les artichauts.

Récolte.

Carotte
Chou d'hiver
Chou de Bruxelles
Endive
Epinard (protégé par un châssis)
Mâche
Pissenlit
Poireau
Salsifis et scorsonère
Topinambour

Autres légumes disponibles (récoltés précédemment).

Les mêmes qu'en janvier.

MARS

Semis en pépinière :

— *Sous châssis, sur couche chaude.*

Aubergine
Carotte
Céleri-rave
Laitue
Melon
Navet
Tomate
Radis
Basilic

Chicorée frisée et scarole
Chou (variétés d'été et d'automne)
Concombre
Courge et potiron
Melon
Piment
Tétragone (fin mars)

— *En pleine terre.*

Poireau.
Ciboule

Semis en place.

Carotte (sur côtière bien exposée)
Oignon de couleur
Ciboulette
Radis (sur côtière)
Fève
Pois
Epinard (fin mars)
Navet

Persil.

Engrais vert (type vesce-avoine)
Lentille (fin mars)
Raifort

Plantation et repiquage en pleine terre.

Ail
Artichaut
Ciboulette
Echalotte
Estragon

Thym
Poireau
Oignon de couleur (bulbes)
Pomme de terre hâtive (fin mars)

Entretien et travaux divers.

Surveillance des couches : veiller particulièrement à l'aération (surtout lorsque le soleil donne) et à l'arrosage.
Préparation du terrain pour les semis et plantations en pleine terre. Mais surtout pas de précipitation : attendre que le sol soit bien ressuyé pour le travailler. Enlever la couche de mulch sur les planches devant être semées ou plantées en mars et avril : le sol se réchauffera et se ressuyera plus vite.
Ne pas oublier de découvrir les artichauts dès que le temps se radoucit.
Forcer l'endive et éventuellement le pissenlit et la barbe de capucin.

Récolte.

Carotte
Chou d'hiver
Endive
Epinard
Mâche
Pissenlit

Poireau
Salsifis et scorsonère
Topinambour
Chicorée sauvage
Chou de Bruxelles

Autres légumes disponibles.

Les mêmes qu'en janvier, moins le potiron.

AVRIL

Semis en pépinière :

— *Sous châssis, sur couche.*

Cardon
Céleri-rave et céleri à côtes
Chicorée frisée et scarole
Concombre
Courge et potiron
Melon
Tétragone (début avril)
Tomate.

— *En pleine terre.*

Chou (variété d'été et d'automne)
Chou de Bruxelles
Chou-fleur
Laitue
Thym
Poireau.

Semis en place.

Betterave rouge	Laitue à couper
Carotte	Navet
Bette	Panais
Chicorée sauvage	Persil
Ciboulette	Pissenlit
Epinard (variété d'été)	Pois

Fève
Haricot ' (sous plastique
ou sous châssis)
Maïs (fin avril)
Raifort

Radis
Salsifis et scorsonère (fin
avril)
Engrais vert (début avril)
type vesce-avoine.

Plantation et repiquage (en pleine terre).

Artichaut
Chou vert
Ciboulette
Estragon

Thym
Laitue
Poireau
Pomme de terre

Entretien et travaux divers.

Aérer de plus en plus les châssis ; les retirer par beau
temps.
Continuer la préparation du sol pour les semis.
Binages, sarclages et mulching des premiers semis.
Fauchage et incorporation des engrais verts dans les
planches à semer en mai.

Récolte.

Endive
Epinard
Chicorée sauvage
Poireau
Salsifis et scorsonère

Topinambour
Radis
Laitue
Bette

Autres légumes disponibles.

Carotte, betterave rouge, pomme de terre, ail, oignon,
échalotte.

MAI

Semis en pépinière (en pleine terre).

Céleri-rave et céleri à côtes
Laitue
Poireau
Cardon
Chicorée frisée et scarole.

Semis en place.

Betterave
Carotte
Cardon (fin mai)
Bette (meilleur mois pour les semer)
Chicorée frisée et scarole (fin mai)
Chou (variétés d'hiver)
Chou-fleur (début mai : variétés d'été ; tout le mois : variétés d'automne)
Concombre
Courge et potiron
Endive.

Epinard (var. d'été)
Thym
Fenouil
Haricot
Maïs
Panais
Persil
Pissenlit
Radis
Salsifis et scorsonère (début mai)
Tétragrone
Ciboule
Soja

Plantation et repiquage.

Aubergine (fin mai)   Melon (fin mai)
Basilic   Poireau
Chou vert   Piment (fin mai)
Chou rouge   Tomate (après le 15)
Concombre
Laitue

Entretien et travaux divers.

Binages, sarclages et mulching des planches semées. Fauchage et incorporation des engrais verts dans les planches à semer en juin.
Buttage des pommes de terre.

Récolte.

Carotte (semée sur couches chaudes)
Chou-fleur (semé en septembre)
Epinard
Laitue
Poireau
Navet
Oignon blanc
Radis
Bette.

Autres légumes disponibles.

Betterave rouge, pomme de terre, ail, oignon, échalotte.

JUIN

Semis en pépinière.

Laitue
Chicorée frisée et scarole
Chou (variétés d'hiver)
Chou-fleur (début juin, variétés d'automne).

Semis en place.

Betterave (dernier semis, var. hâtives seulement)
Carotte (meilleur mois pour les carottes d'hiver)
Bette
Chicorée sauvage
Endive
Fenouil
Haricot
Maïs (avant le 15)
Panais
Persil
Pissenlit (avant le 15)
Radis
Radis noir

Plantation et repiquage.

Céleri
Chou vert
Chou-fleur
Chou de Bruxelles
Chou rouge
Laitue
Poireau

Entretien et travaux divers.

Binage, sarclage, éclaircissage et mulching des semis.
Tuteurage et taille des tomates.
Buttage des haricots.

Récolte.

Carotte	Poireau
Chou-fleur	Navet
Courgette	Oignon blanc
Epinard	Pois
Laitue	Pomme de terre (fin juin, var.
Bette	les plus hâtives).

Autres légumes disponibles.

Ail, oignon, échalotte.

JUILLET

Semis en pépinière.

Laitue
Chicorée frisée et scarole.

Semis en place.

Carotte (début juillet pour les variétés semi-longues et longues ; jusqu'à fin juillet pour les var. courtes).
Chicorée sauvage
Fenouil (début juillet)
Haricot
Mâche
Navet
Persil
Pois (après le 15)
Radis
Radis noir.

Plantation et repiquage.

Céleri-rave
Chou vert
Chou de Bruxelles
Chou-fleur

Chou rouge
Laitue
Poireau

Entretien et travaux divers.

Binage, sarclage, éclaicissage et mulching.
Taille des tomates, concombre, potiron, aubergine, piments,
Buttage des haricots.

Récolte.

Ail	Céleri à côtes
Bette	Haricot
Betterave rouge	Laitue
Carotte	Poireau
Chicorée frisée	Navet
Chou-fleur	Oignon
Concombre (sous châssis)	Pois
Echalotte	Pomme de terre hâtive
Courgette	

AOUT

Semis en pépinière.

Chou de printemps (fin août)
Oignon blanc (après le 15)

Semis en place.

Epinard (variétés d'hiver)
Mâche
Navet
Radis
Engrais vert (par exemple vesce-pois-avoine).

Plantation et repiquage.

Laitue

Entretien et travaux divers.

Binage, sarclage, éclaircissage et mulching.
Taille des tomates, concombres, potirons, aubergines, poivrons.
Buttage des haricots.

Récolte.

Ail
Bette

Haricot
Laitue

Aubergine
Betterave rouge
Carotte
Céleri
Chicorée frisée et scarole
Chou-fleur
Concombre
Courgette

Poireau
Oignon
Panais
Pomme de terre hâtive
Tomate
Piment et poivron
Melon

SEPTEMBRE

Semis en pépinière.

Chou de printemps (début septembre)
Chou-fleur (var. de printemps)
Laitue (var. d'hiver)
Oignon blanc (début sept.)

Semis en place.

Epinard (var. d'hiver)
Mâche
Radis
Engrais vert (crucifère ou vesce d'hiver-seigle).

Entretien et travaux divers.

Binage et sarclage
Semis d'engrais verts

Récolte.

Aubergine	Concombre
Bette	Courgette
Betterave rouge	Fenouil
Cardon	Haricot
Carotte	Laitue
Chicorée frisée et scarole	Maïs

Céleri	Poireau
Chou-fleur	Panais
Chou vert	Pomme de terre
Chou rouge	Tomate

Autres légumes disponibles.

Ail, oignon, échalotte.

OCTOBRE

Semis en pépinière.

(Néant)

Semis en place.

Epinard (début octobre, var. d'hiver)
Blé d'automne
Poireau
Radis (début oct.)
Engrais verts (vesce d'hiver-seigle)

Plantation et repiquage.

Chou-fleur (sous châssis, var. de printemps)
Laitue d'hiver (en pleine terre ou sous châssis)
Oignon blanc (en pleine terre)

Entretien et travaux divers.

Préparation pour l'hiver des planches libres : ameublissement et apport de la couverture de matières organiques.
Préparation du silo pour la conservation des légumes d'hiver.

Récolte.

Aubergine
Bette

Courge et potiron
Endive

Betterave rouge	Fenouil
Cardon	Haricot
Carotte	Laitue
Céleri	Mâche
Chicorée frisée et scarole	Maïs
Chicorée sauvage	Panais
Chou-fleur	Poireau
Chou vert	Navet
Chou rouge	Pois
Chou de Bruxelles	Tomate
Concombre	Radis noir

Autres légumes disponibles.

Ail, oignon, échalotte, pomme de terre.

NOVEMBRE

Semis en pépinière.

(Néant)

Semis en place.

(Néant)

Plantation et repiquage.

Ail (en terre légère)
Chou de printemps
Oignon blanc
Laitue d'hiver (en côtière) ·

Entretien et travaux divers.

Préparation pour l'hiver des planches libres : ameublisse-
ment et apport de la couverture de matières organiques.
Arrachage des légumes craignant le gel.
Mise en jauge de : chicorée, scarole, chou rouge.
Mise en silo des légumes conservés en silo (céleri-rave,
radis noir, carotte, navet, panais, betterage rouge).
Préparation des endives pour le forçage.
Protection contre le gel des légumes restant en terre et
sensibles au froid (artichaut, carotte, chicorée frisée et
scarole, épinard).

Récolte.

Bette	Endive (arrachage des racines)
Betterave rouge	
Courge et potiron	Mâche
Carotte	Poireau
Céleri	Navet
Chicorée frisée et scarole	Panais
Chicorée sauvage	Salsifis et scorsonère
Chou-fleur	Radis noir
Chou vert	
Chou rouge	
Chou de Bruxelles	

Autres légumes disponibles.

Ail, oignon, échalotte, pomme de terre.

DECEMBRE

Semis en pépinière.

(Néant)

Semis en place.

(Néant)

Plantation et repiquage.

(Néant)

Entretien et travaux divers.

Protection des plantes contre le froid.
Préparation des matériaux et de l'emplacement pour le montage des couches chaudes.
Entretien et révision du matériel.
Forçage de l'endive et éventuellement du pissenlit.

Récoltes.

Carotte	Mâche
Chicorée sauvage	Poireau
Chou vert	Salsifis et scorsonère
Chou de Bruxelles	Epinard (sous châssis)

Autres légumes disponibles.

Ail

Oignon

Echalotte

Betterave rouge

Céleri-rave

Chicorée frisée et scarole

Chou rouge

Courge et potiron

Navet

Panais

Endive

Radis noir

INDEX ALPHABETIQUE

GLOSSAIRE

Activateur de compostage : produit à base de plantes médicinales ou de microorganismes destiné à accélérer la fabrication du compost.

Aérobie : se dit de microorganismes qui ne peuvent se développer qu'en présence d'air, ou du mode de décomposition des matières organiques qui nécessite la présence de ces microorganismes. En jardinage biologique, toutes les matières organiques doivent subir une décomposition aérobie.

Aromathérapie : méthode de lutte contre les parasites utilisant les essences de plante.

Biodynamie : méthode d'agriculture biologique dont les principes ont été donnés par Rudolph Steiner, fondateur de l'Antroposophie. Les indications de R. Steiner ont été reprises et développées par plusieurs chercheurs, et notamment E. Pfeiffer, auteur de plusieurs ouvrages.

Bornage : opération qui consiste à presser la terre, à l'aide du plantoir, contre le plant que l'on vient de repiquer.

Bouillie bordelaise : mélange de sulfate de cuivre et de chaux, utilisé pour la lutte contre le mildiou.

Compostage en surface : décomposition des matières organiques en couche de faible épaisseur, à même le sol.

Compostage en tas : décomposition des matières organiques par leur mise en tas. Les tas doivent être aérés et de section modérée, afin de faciliter une décomposition aérobie.

Culture dérobée : culture d'engrais vert pratiquée soit avant, soit après la culture principale.

Culture intercalaire : culture (d'engrais vert ou d'une plante à croissance rapide) pratiquée entre les rangs de la culture principale, en même temps que cette dernière.

Couche chaude : Couche de fumier et d'éléments végétaux destinée à dégager de la chaleur pour permettre les semis précoces sous châssis.

Eclaircissage : travail qui consiste à enlever les plants en surnombre pour ne laisser que le nombre de plantes pouvant se développer sans se gêner.

Engrais vert : Culture destinée à être fauchée sur place (et si possible broyée) puis incorporée à la couche supérieure du sol en vue de l'enrichir en humus.

Fongicide : substance destinée à détruire les champignons parasites (de « fongus », champignon).

Habillage : opération qui consiste à couper l'extrémité des racines et éventuellement des feuilles des plants avant de les repiquer.

Hybride : les variétés hybrides sont obtenues en croisant deux lignées pures. Les hybrides de 1re génération (F1) ont une productivité très élevée, mais ils perdent progressivement leurs qualités si on les reproduit.

Lutte biologique : méthode de lutte contre les parasites qui consiste à introduire un ennemi naturel du parasite à détruire.

Exemples : introduction de coccinelles pour lutter contre les pucerons ; pulvérisations à base de *Bacillus Thuringiensis* (bactérie parasite des chenilles) contre diverses chenilles.

Mulch : couche de matière organique (paille, foin, herbe coupée, feuilles, etc.) de faible épaisseur apportée sur le sol en vue de le protéger contre les rigueurs du climat et de nourrir les microorganismes du sol.

Pincement : opération qui consiste à couper l'extrémité d'une tige et qui est pratiquée dans la taille de divers légumes (tomate, aubergine, courge, potiron, concombre, etc.)

Pralinage : enrobage des racines dans un mélange de matières organiques et minérales destiné à faciliter la reprise et le développement des plants.

Rayonneur : outil comportant des dents (généralement cinq) d'écartement réglable, très commode pour tracer les sillons à l'écartement choisi.

Réchaud : fumier disposé autour des coffres en vue de réchauffer les couches.

Tamis (100, 300, 400, etc.) : le numéro du tamis indique la finesse de mouture des fertilisants à base minérale. Le tamis 100 correspond à une mouture relativement grossière ; le tamis 300 à une mouture fine ; le tamis 400 à une mouture très fine. Les quantités de fertilisant apportées doivent être d'autant plus faibles que la mouture est fine.

Vient de paraitre :

Dr H. P. RUSCH

LA FÉCONDITÉ DU SOL

Pour une conception biologique de l'agriculture

Traduit de l'allemand par Claude Aubert.

Un volume 17 × 24 de 320 pages, relié.

« La *Fécondité du sol* » n'est pas un livre d'agriculture comme les autres. D'abord parce qu'il traite d'agriculture biologique et qu'il le fait avec la plus grande rigueur scientifique. Ensuite parce qu'il propose une conception entièrement nouvelle, non seulement de l'agriculture, mais de la biologie.

Médecin de formation, H.P. RUSCH était particulièrement bien placé pour étudier les sciences biologiques dans leur ensemble et pour démontrer l'étroite interdépendance de tous les êtres vivants, depuis les bactéries jusqu'à l'homme. Le monde vivant est Un, ce que le titre allemand de l'ouvrage — *Bodenfruchtbarkeit* — exprime bien mieux que sa traduction : « *Fruchtbarkeit* » signifie à la fois fertilité et fécondité. Pour H.P. RUSCH, et pour quiconque a étudié et compris ses recherches, il est évident que la fertilité du sol et la fécondité des plantes, des animaux et de l'homme sont des manifestations particulières et indissociable d'un seul et même phénomène.

En agriculture, H.P. RUSCH démontre l'absurdité du dogme de la minéralisation, universellement admis par l'agronomie classique, dogme selon lequel toutes les matières organiques seraient transformées en substances minérales simples avant d'être absorbées par les plantes sous formes d'ions. Déjà des chercheurs avaient fait la preuve que les plantes sont capables d'absorber des molécules organiques de haut poids moléculaires. H.P. RUSCH va beaucoup plus loin, puisqu'il admet l'existence d'un « cycle des substances vivantes » : des particules vivantes élémentaires demeureraient intactes dans tout le cycle biologique, y compris dans le sol, et seraient absorbées par les racines des plantes. Là encore la comparaison avec la médecine est éclairante, puisque les virus ne seraient finalement que des cas particuliers de substances vivantes élémentaires devenues pathogènes.

L'affirmation de l'existence d'un cycle des substances vivantes pourra surprendre les lecteurs ayant reçu une formation agronomique ou biologique classique, mais les résultats auxquels conduit son application, aussi bien en agriculture qu'en médecine, démontrent, sans doute possible, qu'elle contient bien davantage de vérité que les doctrines classiques. Cependant il ne s'agit pas, dans cet ouvrage, d'exposer simplement une nouvelle théorie, ou les résultats de recherches fondamentales sans application immédiate. L'auteur a en effet réalisé, en collaboration avec le Dr Hans MULLER, ce qu'il appelle une « expérience biologique globale », confirmation indiscutable dans la pratique agricole quotidienne de ses conceptions et de l'étroite solidarité de tous les êtres vivants.

Les recherches de H.P. RUSCH, constamment mises à l'épreuve dans les exploitations d'agriculture biologique de la coopérative du Dr H. MULLER, ont en effet conduit à la mise au point d'une remarquable technique d'analyse biologique des sols et en même temps d'une méthode d'agriculture biologique dont les résultats n'ont pas fini d'étonner le monde.

Plus d'un millier d'exploitations agricoles pratiquent actuellement cette méthode, en Suisse et dans une quinzaine d'autres pays, avec des résultats contraires à toutes les théories agronomiques admises : l'abandon des engrais chimiques et des pesticides conduit à une augmentation des rendements et de la rentabilité, ainsi qu'à une diminution des attaques parasitaires et des maladies du bétail.

La luxuriance de la végétation, la qualité des produits, la santé du bétail et la prospérité des exploitations biologiques sont les preuves tangibles de la valeur des méthodes mises au point par H.P. RUSCH et par H. MULLER, et aussi de l'inépuisable fécondité du sol lorsqu'il est traité comme il doit l'être, c'est-à-dire comme un être vivant.

CLAUDE AUBERT

L'AGRICULTURE BIOLOGIQUE

Un volume de 368 pages. (*3e édition revue et augmentée.*)

Naguère, on opposait l'agriculture à l'industrie, le monde rural au monde urbain, l'ouvrier au paysan. Aujourd'hui, on veut effacer ces différences et donner aux agriculteurs un mode de vie analogue à celui des autres travailleurs.

Mais, derrière cette façade sociale se cache une réalité différente. L'agriculture est entrée dans l'ère de la production de masse et de l'industrialisation ; non seulement les machines et les produits chimiques mais aussi les méthodes de travail et les modes de pensée, propres au monde industriel, ont envahi l'agriculture.

Et tout le monde s'émerveille devant les progrès de l'agriculture : rendements toujours plus élevés grâce aux engrais et aux variétés nouvelles, parasitisme vaincu grâce aux innombrables pesticides, qualité apparente des produits en amélioration constante.

Cependant, quelques notes discordantes viennent troubler ce concert de louanges. Les gastronomes se plaignent que l'on ne peut plus trouver un fruit ou un fromage savoureux ; les commerçants s'aperçoivent que les légumes ne se conservent plus ; enfin les chimistes ont découvert que la plupart de nos aliments contiennent des résidus de substances chimiques plus ou moins toxiques.

Certes, on nous rassure aussitôt en nous disant que les résidus de pesticides dans les aliments sont infimes et ne présentent aucun danger, sauf quelques cas isolés dus à une mauvaise application de techniques agricoles.

L'auteur du présent ouvrage, soutenu par un nombre croissant d'agriculteurs et de consommateurs, conteste ces vues trop optimistes et pense que les techniques de l'agriculture moderne font courir à l'homme des dangers considérables. S'appuyant sur des données scientifiques indiscutables il met en lumière les conséquences catastrophiques de ces techniques et, particulièrement, de l'emploi inconsidéré des produits chimiques sur la santé de l'homme.

Partant de ce constat de faillite d'une agriculture qui se veut à la pointe du progrès, l'auteur montre alors qu'il existe d'autres techniques — celles de l'agriculture biologique — capables de produire des aliments sains, sans pour autant sacrifier la quantité à la qualité.

Ces techniques reposent sur des bases expérimentales solides et elles ont été éprouvées depuis plus de trente ans par les agriculteurs biologiques. L'auteur expose succinctement dans les seconde et troisième parties de son ouvrage, les principes et les bases scientifiques de l'agriculture biologique, puis les résultats qu'elle permet d'obtenir dans la pratique.

Enfin, dans une dernière partie, l'auteur montre pourquoi l'agriculture biologique peut seule résoudre le problème de la faim dans le monde, maintenir l'homme en bonne santé et permettre son épanouissement.

VIENT DE PARAITRE :

ALWIN SEIFERT

CULTIVONS NOTRE TERRE SANS POISONS

ou l'art du compostage

Traduit de l'allemand par M. Brunnenmüler

Préface de Claude Aubert

Cet ouvrage est un classique du compostage. Il en est, en Allemagne, à sa septième édition. Plus qu'un ouvrage technique c'est le témoignage d'un homme qui, pendant quarante années, a fait d'innombrables expériences de compostage, aussi bien dans ses jardins personnels que chez de nombreux agriculteurs. C'est un témoignage passionné et passionnant, car le livre de Seifert se lit comme un roman d'aventures. Il n'en contient pas moins de nombreuses indications pratiques sur la manière de réussir et d'utiliser le compost.

Seifert est un partisan convaincu du compostage en tas, et il démontre de manière particulièrement convaincante que le compostage en tas permet d'obtenir d'étonnants résultats dans tous les domaines de l'agriculture, ainsi qu'en arboriculture.

ACHEVÉ D'IMPRIMER SUR LES PRESSES
DE L'IMPRIMERIE CORBIÈRE ET JUGAIN
ALENÇON (ORNE)
DÉPÔT LÉGAL : 2" TRIMESTRE 1977